「市町村合併」の次は「道州制」か

森　啓　編著

（北海学園大学法学部教授）

地方自治土曜講座ブックレットNo．110

1　「市町村合併」の次は「道州制」か

今回の合併騒動は地方分権の勧告が一段落した直後に突然のように出てきた。

1999年8月6日、当時の自治省事務次官「通知」で全国の知事に、「10年間の交付税保障、合併特例債、人口3万人でも市に昇格」などの特例で「合併を促進せよ」と指示した。かくて、日本中は合併騒動で大揺れに揺れた。

「機関委任事務制度」を廃止して「中央集権から地方分権へ」と一歩踏み出し「さあこれから」というときに「合併せよ」であった。

しかしながら、地方分権とは「地域の公共課題は自己責任で解決する」である。全国画一の中央支配との決別が地方分権である。

地域それぞれが「住んでいることを誇りに思える地域社会」をつくる。地域が元気になる。それが、経済が低迷し少子高齢社会に突入し過度に一極集中した日本列島を甦らせるのである。地域が才覚を働かせて魅力ある地域をつくることで日本列島に活力が甦るのである。

「効率」「節減」は必要。だが、「兵糧攻」の「地方切捨」では「日本列島の活力」は衰弱する。「安心して暮らせる福祉」「安全で美しい環境」「豊かな文化」「地域固有の経済力」は「地域の自治力」なくしては育たず創れない。

合併強要は日本列島の将来を展望しない時代逆行の愚行である。

「市町村合併」の次は「道州制」である。

交付税の配分先を減らす「市町村合併」の次は、47を10に統合する「府県合併」であろう。狙いは総務省の全国管理の体制整備である。

そして、その次に出てくるのは何であるのか。

それを見定めなくてはなるまい。

2　討論で深めた住民自治の論点

合併した自治体も、自立を決めた自治体も、行政・財政の徹底的改革が必要。改革には既得権意識・惰性的慣行の廃棄が不可欠。だが容易ではない。実践報告と問題提起によってそれを可能にする条件を探る。会場からの辛辣発言も歓迎する。

1　合併すれば周辺地域は間違いもなく寂れていく。
合併して良かったことは何か。何が変り、何が変わらなかったか。

周辺地域は今どうなっているのか。役場・市役所の内部はどうか。職員に活気はあるか、行財政改革は始まっているか。それとも旧態以前であるのか。

2　特例債を当てにした合併ではなかったか。その借金の返済はどうするのか。合併を進めた首長や議員に借金返済の責任意識はあるのか。将来のことは「吾関せず」ではないのか。ツケは住民に返ってくる。

3　住民の「わがまちへの意識と行動」は合併論議で高まったか。高まることを目指したか。公正な判断資料を作成提供したか。質疑討論の場を設けたか。合併協議会資料は合併前提の想定資料ではなかったか。

4　住民投票の署名運動が全国各地に起きた。これは何を意味していたのか。首長と議会への「不信の表明」ではなかったか。代表民主制度への「問い質し」ではなかったか。住民投票は代表民主制度が機能不全になったときに生じてくる。

5　アンケートで住民意思を確認するのは公正誠実なやり方と言えるか。
アンケートは「設問と回答」の作り方で「集計結果」を誘導できる。

合併は地域の重大事である。「アンケート」と「住民投票」をどう使い分ければよいのか。

6　「投票率が低いときには開票しない」とは「住民自治の否認」であろう。「住民意思」を「闇から闇に葬る」ことではないか。
「開票しない」は、吉野川河口堰をめぐって徳島市議会で発生した「異常例」である。「住民投票の不成立」を意図した「組織的ボイコット戦術」であった。

7　地域の甦りで最も重要なことは何か。故郷を愛し才覚を働かせる自立心であろう。地方切捨ての合併強要をはね返す意識と行動は如何にすれば生じてくるのか。

3 〈鼎談〉合併と住民自治

高橋彦芳（栄村村長）
北　良治（奈井江町長）
森　啓（北海学園大学）

土曜講座の魅力

森　札幌に行かなくても地元でもやろうと土曜講座が全道に広がりました。だが年に一度は一箇所に集まろうということから宿泊の夏季講座が始まりました。

そして夜なべ談義が一番楽しくて、それがきっかけで顔見知りになり、地域では少数派だが、土曜講座に来るとこれだけ多勢の人が地域を考えているのだと実感できる。北海道自治土曜講座の魅力の一つが宿泊夏季講座です。

今回は新十津川町の方々に会場などの便宜を図っていただき開催することができました。

本日のテーマは全国に広がっている「合併騒動」です。

町議会や町長は合併を公約に掲げて当選したわけではない。住民から信託された代表権限は白紙委任ではない。奈井江町では「合併問題」以上に「住民総意で決める重要問題」が他にあるであろうかと「住民投票」で自立の方向を選択された。ところが、多くの町長は、「自立を選択」すると自身が厳しく困難な立場になる。「それはいやだ」。そこで「合併は避けられない」と言っているように見えます。

本日は長野県栄村の高橋村長さんから「栄村ではこういう考え方でやっています」と先ほどお話をいただきました。奈井江町の北町長さんにも登壇していただき討論をいたします。

合併の住民意思
―「アンケート」と「住民投票」

森　北町長さん、高橋村長さんのお話を聞いての感想から始めましょう。

北　感動しました。「田直し」「道直し」「下駄履きヘルパー」は、まさに住民自治とはこのことだなぁ、自治をきちっと守っておられると思いました。

森　「合併問題」の経過については如何ですか。

北　森先生が冒頭で私の言葉を言っていただきましたが「合併問題ほど重大な問題はない」「合併は住民の皆さんと相談して決めたい」それが「住民投票」でした。その点については高橋村長さんと共通するものがある。しかし、住民投票はなさらなかった。アンケートで90何％ですから住民意志の確認はできたと思いますが、「住民投票」と「アンケート」の違いをどう考えるのがよいのか。私どももアンケートもやって78％ぐらいの結果は出ましたが、より一人一人がきちっとした意思表示ができるようにと「住民投票」をやりました。この点についてお伺いしたい。

森　高橋さんのところは「合併に賛成か反対か」のアンケートではなくて、「栄村をどう作っていくか」という意見をアンケートで住民の方に聞かれたのですね。

高橋　私のところのアンケートは「合併是か否か」でなくて「合併にどう取り組むか」です。同じ所帯なら見せ合うこともありますが、一人一人が封筒に入れるのです、質問もかなり書き込まれていました。読むのは大変でしたが全部パソコンで文字にして配りました。長野県庁は合併の枠組（パターン）などは出しません。「どこと合併しろ」などとは言わない。合併の相手を示さないから、話し合うのは隣しかない。私のところは県境ですから難しい地域です。隣は新潟の津南町です。ごみ、し尿、火葬を一部事務組合でやっている。長野県の町村とは全然付き合っていない。ところが常設消防は長野県です。ですから住民も簡単には意見は出せないのです。

森　アンケートは、質問項目の作り方で回答を誘導すると言われています。住民投票は町の将来を思いやる住民の気持ちを強める効果もあります。奈井江町では「小学生5年以上」が投票しましたね。なぜそうなったのですか。

北　子ども権利条例に「参加する権利」を定めているからです。子ども権利条例は、住民も子どもも参加し論議をして制定しました。そこに「子どもの参加」を大切にする項目が入っております。町がどうなるかは子どもたちも関心があるからです。

森　住民投票で合併問題を決めるには「判断材料の提供」が重要です。合併の得失についての「自由な討論」のない多数決は「押し付け」になります。その点については如何ですか。

北　判断材料がなくて住民投票をやるのは、これほど乱暴なことはないと思います。住民も黙っていません。私どもは冊子にした詳しい内容を8回にわたって3100の全家庭に配布しました。子ども用のパンフレットも作り学校へ出向いて直接子ども達と話し合いもしました。

森　子ども投票の評価はどうでしたか。

北　やって良かったと思います。子どもが投票に参加するので、家庭で合併が話題になった。子どもが素直な意見を家庭で話す。それが良いインパクトになった。現在は「自立プラン」を作っております。住民の皆さんが相談し合い今日まで来ています。自分たちが参加してまちの将来を決めたことが大きな意味をもっています。

森　「教育的効果はすこぶる大」「町の将来を子供達が考えるようになった」と小学校の校長さんも言っておりました。高橋さんのところは教育効果という面はいかがでしたか。

高橋　子ども達の地域への関心は高まっています。最近は「故郷太鼓」など、自分の村を表現する活動が盛んになっています。

合併の既成事実づくり
——安易な合併協議会への参加

森　町村財政は交付税会計で成り立っていますから、交付税を削減されると財政的にやっていけない。だから「合併せざるを得ない」という言い方があります。「財政的にやっていけないから合併する」というのをどう思いますか。

北　確かに財政の落ち込みは大変なものです。北海道は高橋村長さんのところと違って、広い地域ですから公共事業が地域産業を支えていました。下水道をやるにしても使用面積が広い。大変な借金をこしらえたのも事実です。道庁も国の景気対策にぜひ協力してくれと言っていました。そうでないと来年以降の補助事業の決定は暗いよとも言われた。交付税措置を当てに起債をしたことは事実です。

森　長野県は、町村はいくつですか。その中で自立を模索しているのは何割ぐらいですか。

高橋　町村は１０３です。今のところ半分ぐらいは自立の方向だと思いますね。私は合併をするかしないかの問題が、なぜ住民投票になるのかが分からない。村がどういう方針を取るかを考えるのが先であると思います。合併協議会にズルズルと入っていくのもわからない。

森　合併協議会は合併のための既成事実づくりなんですね。

高橋　そうなんですね。住民がよいと言ってないうちから合併協議会に入り、そのままずっといって住民投票になるのです。

合併ということだから、賛成か反対かでなくて、合併にどう対処するかを住民が考えることが先ず重要です。そこを聞かなくてはいけないと思います。今のやり方は住民を話の外に置いて、協議会で新市町村の計画などが作られて、それに反対か賛成かで住民が乗せられていく。今の合併は大体そんなようになっていると思います。

森　反対できない雰囲気をつくって住民投票というのが多いですね。これは問題です。ところで、首長が「合併はしない」という方針を示して住民に意見を求めると、合併賛成の人達は「合併をする方向での意見はいつ聞くのだ」という異論も出ます。首長が方針を先に示すことの是非についてはどのように考えますか。そしてまた、最終的には「住民意見の集約」として「住民投票」が必要になるのではないか、については如何でしょうか。

町村長の職場放棄

―困難な立場から逃げ出す首長も

森　高原キャベツで有名な妻恋村の村長さんは「妻籠村の名前は日本武尊からきているのだ」と、内心では「合併はしないと決めている」のだけれども、村長がそれを先に言い出してはと、双方の意見を聞く講演会を設けました。その場に呼ばれて話しをしました。「私は合併に慎重にと言っているのです。合併反対を言っているのではないのです」と言ったのですが、ホテルや温泉宿の経営者は「合併で客が帰ってくる」のではないか、建設業の方は「合併すれば特例債が使えて工事ができる」のではないか。村の借金よりも目先の従業員の給料を払うことが重要と考えていると感じました。特例債は借金なのですが、ニンジンの効果になっています。

そして、自立となると首長は「困難な責務」を自ら背負うことになる。「そんなことやっていられるか」と「投げ出し、逃げ出す」首長もいるのではないのか。だから、「合併はやむを得ない」と言って「合併の既成事実をつくる」首長も多いのではないか。

そのため、全国各地に「住民の意見も聞かないで合併を決定するのはおかしい」と住民投票条例の署名運動が広がりました。だが他方では「合併是非の結論を住民投票で求める」のは疑問だ、という考え方もあります。

これらのことをどう考えればよいでしょうか。

北　特例債を目当てに合併をするのは、高橋村長が言われたように、自分の町の将来方針と外れた考え方だと思います。本当にまちづくりをしていこうとするならば「町の将来をどうしたらよいか」についての「住民合意」が一番大事だと思います。森先生から、合併で市町村長は職場放棄をするんじゃないかという話がありましたが、1期2期の人は頑張っている人が多いのですよ。私は5期目になっているのですが、4期・5期の人達の中には「そろそろ合併して」という人もいるでしょう。「苦労はしたくない」です。私も先輩町長から「北町長、なんで苦労せねばならんのだ」「なんで自立しなければいけないんだ」「合併に向かっていけばあんたはリーダーになれるんだから」と言われました。

だがそれは、本当に住民と共に地域の発展を考える、ではないと思います。全部が全部ではないですが、合併を役場主導で考えるのが多いですね。

森　合併は「町の名前」がなくなります。「町の名前なんて」と言う人もいますが、合併の土壇場で「町の名前がなくなってよいのか」と猛烈に反対論が沸き上がって崩れるケースも多いですね。

高橋　長野県の下伊那は明治から100年続いている町村が多いのです。今回は3町村が合併で14町村は自立です。600人ぐらいの村もあります。私のところは2600人。私は「あんた合併しないでこのままいって、交付税を搾られてしくじったら、どういう責任をとるのか」と言われたことがあります。国が進めている合併に対して「自立して行き詰まったらどういう責任をとるのか」と言われて心配する町村長は多いと思います。

森　そんな声が耳に入ってきますか。

高橋　入りますよ。「栄村は自立というけれども、行き詰ったときどう責任をとるのですか」と聞こえてきます。日本はまだ近代を通過していない。市民権の意識が遅れています。市民は平等なのだという考え方がない。後から合併になると「冷や飯食い」の「一階級下」に思われるのではないか、との不安があるのです。日本はまだその程度ですよ。後からの参入となれば「冷や飯組みになりはしないか」という心配がある。先生方にもあると思います。

「自治労」と「学者先生」と「知事」
――学者は言うことがずいぶん変わります

森　その場合の先生とは誰でしょうか。

高橋　行政法とか行政学の先生方ですよ。「市民は平等だ」の考え方がないですね。先生方は「ゆらゆらゆらゆら」しています。今合併しないで後からでは「冷や飯組」になるのではとの不安に、「後からであろうと市民権は平等です」と明言する先生が少ない。ですから、私はわざわざ「憲法は個人として尊重され平等です」「後から行こうが先に行こうが平等だよ」「そうでないと民主主義ではないんだよ」と言っているのです。

森　今回の合併騒動で、一番しっかりしてもらいたいのは「自治労」です。全国の自治体の労働組合ですから町村役場の職員も組合費を払っています。だが、中央の幹部は府県や大都市出身ですから町村役場の合併に真剣に取り組まない。地方切捨ての「効率優先」を批判し「小さな政府論」に反撃する理論視座を見失って合併強要を黙過しています。「自治」が地域活力には不可欠必要だとは思っていないのです。二番目は学者先生です。行政法学、行政学、財政学などの学者は多勢います。それぞれ学会をつくり「自治」を言っているのです。ところが、県庁から「合併問題検討委員会」の委員を委嘱されると、たちまち応諾して「自治省案どおりの合併促進要綱」の作成に協力します。そして「私は合併には中立です」などと言うのです。県庁の審議会委員に「委嘱されたい」から「ゆらゆら」するのだ、と言われています。

三番目は都道府県の知事です。地方分権とは都道府県が「国の代官所」から「市町村の側」に転換することです。それが分権改革の意味です。ところが、長野県、福島県の知事は少数例で、多くの都道府県の知事は国の指示どおりの「合併促進」です。「自治労」も「学者」も「知事」も頼りにならない。総崩れです。

北　自治労の話にいっては申し訳ないが「組織を守り職員を守る」には「何をしなければいけないか」の議論が必要だと思います。「住民の奉仕者」という基本を忘れて「住民自治」はありません。一貫している人もいますが、学者というのはずいぶん変わります。前の講演と今度の講演で「また変わったな」と思います。具体例は申しませんが、北海道町村会の講演でも「あれ3年前に言っていたのとずいぶん変わったな」と思いました。学者はきちっと一貫して自分の哲学を披露していただきたい。現場へ足を運んでいただきたい。机上の議論でやられたら非常に迷惑する。役所はそういう学者を使います。実は昨日、東京で地域医療に関する会議がありました。ある著名な学者が地域医療を崩すようなことを言ったので、私は猛反発しました。学者にはそういう人が多い。

実践的住民自治―栄村の覚悟
―一人一人が輝くように

北　重要なのは、平成17年度以降のこれからです。今までは、知事の干渉は公然とはなかった。だがこれからは、知事が合併を勧告すると言われています。市町村長の中には「もはや合併せざるをえないよ」と言っている人もいるのです。「国は交付税を40％、50％減らします」と公然と言っている人もいる。市町村長の不安を掻き立てるようなことが言われています。まさに先ほどの「遅れをとると大変だぞ」になりかねません。

高橋　栄村は永久とは言わないけれども今の法律の中では合併しない。憲法や地方交付税の法律が現にある。こういうものが皆なくなるわけではない。全部なくなれば合併しても駄目に決まっている。市町村は97％が交付税財政です。政令都市も交付税がなければ成り立たない。だから、交付税がなくなるなんてことはない。私はそれが前提にあります。だけれども、今は国も地方も財政が大変で、その中での削減ということです。だが町村が対応できる削減でなければならない。交付税法があり憲法がある以上、削減には限度があるに決まっている。村が全部なくなってよいはずはない。長野県の田中知事は合併するところも、合併しないところも、支援は惜しまないと言っています。

栄村は集落から出発します。栄村には1千万円の支援費があるので、箱ものは駄目だけれども、創意と自治の集落を支援します。

森　「合併は避けられない」じゃなくて「地方交付税の削減が避けられない」ということですね。高橋村長さんは今日の講演で「実践的住民自治」という言葉を使われました。「住民自治に基づく集落自治」とは何かを聞かせてください。栄村を一度解体して根本から作り直す。私もそういう時期にきていると思います。「けしからん」と「嘆いてばかり」ではしかたがない。合併して「村の自治を捨てる」ではなく、村を守るために「一度壊して建て直す」という覚悟がなければならぬと思います。しかし同時に、国政に「ただやられっぱなし」じゃなくて「言うことはある、やることもある」　を片方にしっかり持ってなければと思います。

だがそれをやり遂げるには「人」がいなくてはならない。「長いものには巻かれろ」「国の方針に反対して旨くいくはずがない」「地域の自治組織を認めてくれるのだから」などの状況追随思考がすぐ出てくる。

栄村は、村の方々や役場職員の考え方は変わってきた、と見ていいですか。

高橋 どこまで変わったかは別ですが、かなり変わったと思います。昨年、5月から11月まで「栄村将来像モデルのつくり直し」の原案を役場職員でまず作り上げ、そこから住民も入った研究会、討議会、地区討論、集落討論を昨年一冬やった。ただ縮小縮小では暗すぎる、明るさが欲しい、明るさは住民が作るんで、役場が明るさを提供できるわけじゃない。

森 一人一人が輝くようにというわけですね。

高橋 そういうことです。個人が生産も文化も担っている。一人一人の存在が輝くことを基本に置く。一人一人が得意な分野を生かして栄村らしくやる以外にない。今、栄村の資源を大事にする「地域再生プラン」を作っています。

合併問題は町民が町を考えるチャンス
住民と役場職員の協働が広がっています

森 住民は役所に依存し期待し不満をかげで言う。行政もそういうやり方をしてきた。その結果がお上依存になった。

北さんは、合併問題は町民が町を考えるチャンスだと考えて、詳細な資料を配布して町民投票をやりました。町民も役場職員も議員も考え方が変わりましたか。

北　町長がドンドンやるからついていけばいいんだという意識が職員にあったことは事実です。しかし、外からはそう見えますが、私は内部ではずいぶん相談してやっているのですよ。今は職員が行財政改革をいろいろやっております。例えば、墓地の管理を外部発注しておりましたが職員でやり始めた。すると住民が草刈り機を持ってきて手伝ってくれました。住民はしっかり職員のやっていることを見て協力もしてくれると感激しています。まさに「住民と役場職員の協働」が広がっています。

森　高橋さんは講演で「実践的住民自治」という言葉を使われました。「実践的」とはどのような意味でしょう。

私は「わが意を得た」と思ってお聞きしました。と申しますのは、「新しい制度」をつくれば「世の中が動く」かのごとき風潮が現在広がっています。「新しい制度」をつくっても「人」が育っていなければ何も変わらない。「主体の成長」を考えないで、制度を作れば事態が改善されるかのごとき錯覚が流行していると思うのですね。さいきん流行の「自治基本条例」もそのようなところがあります。「言葉だけの認識」は「本当の認識」とは言えない。理論認識と実践認識はつながっている。「実践して、矛盾や壁や苦労に突き当たって真実の意味が見えてくる」と思います。かつては「若干の不利益」も覚悟して前に出る活力が社会にありました。今は状況追随思考と主体鈍磨が蔓延しています。状況追随思考では真相は見えない。現在は本物か偽物かが問われているのだと思います。そういう訳で「実践的住民自治」の言葉は重要だと思ったのです。

高橋　定義は難しくて分かりませんが、栄村の山の中で黙々と暮らしている人はあまりものを言わないのです。積極的に発言をして理論的に何か言うというのは非常に苦手であるわけです。ですが、何もやれない人間ではない。知恵も能力もなくはない。私は理屈で自治を説くよりも「実践だよ」「田圃を直すぐらいの知恵を持っているじゃないか」「そういう知恵を発揮してくれよ」「村は支援をするよ」「だから自分の力でやってくれよ」と言っています。

私はこれが地域の在り方として一番有効、栄村の場合は有効ではないかと思います。自信を持って実践する。田直しなら田直し、道直しなら道直し、下駄履きヘルパーならヘルパーという行動を実行する。制度にもしていく。それで人々が表舞台に出てきて意識改革も生まれているのだと思います。

決して立派な理論は述べていないんですよ。

「下駄履きヘルパー」が「誇りの言葉」に
―まさに住民自治の実践ですね

森　「下駄履きヘルパー」という言葉はどんなことから出てきたのですか。

高橋　「下駄や草履履きの範囲だけでいいからやってくれよ」ということから「下駄履きヘルパー」になった。今は「下駄履きさん」などと皆が言って出来上がったのです。「下駄履きさん」がいいイメージの言葉になった。悪いイメージかなと思ったのだけれども、あに図らんやです。

北　素晴らしいですね。まさに住民自治です。介護保険も本来はこれです。2級ヘルパー3級ヘルパーの講習をやりながら資格をとって隣同志がヘルパーになる。まさに下駄履きヘルパーです。

私の方も発想は同じだがなかなかできない。支払う金を地元に還元する。いまは仕事のないときですから介護をして家計のプラスにもなる。地域の事情もその人の状況も把握しているからきめ細かく介護ができる。これはちょっと考えられない発想だと感心しました。私どものところは2級ヘルパーが150人ぐらいいるが実践できないでいます。栄村は素晴らしい実践だと思います。

そこでお聞きしたいのは「プロでない人達」が「どの程度どういうふうに」ヘルプ活動をしているのかです。

高橋　いや、プロですよ、2級といえばプロ、身体介護は2級ということになっている。家事支援は3級でもいいが、彼女たちは完全にプロです。1500円が高いか安いかの問題はありますが、村の人が行くとケアプランの時間内では済まない。身体介護に行ったのに家の掃除までやってきたなんていうおまけまで付いてしまう。大変ですがきちんとやっています。中には日誌を書いている人もいます。最初は拒否されたとか、風呂の中でうんこだとか、それを掃除した、機嫌が悪くて困ったとか、そういう日誌を書いている。そして、やっていると分かり合えるようになる。それがプロで、喧嘩してしまったらプロでなくなってしまう。確かに近所の人が近所の人を介護するのは抵抗があります。旨くいくのかと心配しましたが、旨くいっています。泣き言は言いません。「下駄履きさん」なんて地域で呼ばれるようになりました。だから居宅介護が増えてきているのです。

森　ご老人は長らく住んでいた家で住みたい。

高橋　そうなんですよ。一人一人の生きざまを考えたとき、特養施設は幸福なことではない。そしてまた、人口の少ない栄村には施設はないのです。

森　栄村はテレビで紹介されて有名ですから視察が来るでしょう。しかし、栄村の通りやればできるかというとそうはいかない。それぞれ事情が違う。

高橋　医療費とか、介護保険もそうですが、北海道が高額例としてよく出ます。地吹雪の中では救急車も来るか来ないか分からない。何かあったときには本当に困る。冬だけでも都市の病院にと思うが、結局は自宅で介護する。一戸一戸が離れているから介護保険が高くなり医療費が高くなる。近所の下駄履きヘルパーという条件も難しい。

北　北海道では「家庭の中が全部分かってしまうのは嫌だ」「近所の人なら来てほしくない」ということがあります。トラブルがありクレームが出る。その辺が難しいところです。栄村は集落制度が確立されているからできて在宅サービスが伸びていく。高橋村長さんが言われたように栄村の人々は胸を張って「下駄履き」と言っている。そこが全国でナンバー1として「できている」のだと思います。「NHKスペシャル」も「他の報道機関」もそこを報道した。それがまた「人々の誇り」になっている。報道されて「これを崩したら駄目だ」「崩したら町が駄目になる」という「協力と誇り」が生まれていると思います。

「三位一体改革」は「三位バラバラ」
――弱肉競争原理の都市の一人勝は許さない

森 奈井江の広域介護保険もずいぶん報道されました。

北 報道されて協力関係が深まりました。

森 合併をさせようと「交付税削減」を煽っています。だがしかし、地方交付税はシャウプ勧告以来の地方の財源調整金です。お二人は地域自治権を守るためにいろいろと工夫し実践なさっているのですが、国や道府県に「こうすべきではないのか」と常々お感じになっていると思います。それをお聞きしたい。

高橋 「三位一体」は、よく言われるように「三位バラバラ」だと思うのです。交付税を目の敵のように言われるが、一人当たりの交付税は都市の4倍ぐらいになります。人口が少ないからです。だが、村の面積は大きいのです。交付税を村の面積で割ると都市部の15分の1です。住民が交付税を食っているわけではない。地域を維持する必要経費です。人口で割ると都市の4倍だが、面積で割ると15分の1です。

人口割が公平だとは一概に言えない。村には都会の観光客の通る道もあれば橋もある。社会投資で言えば山村は常に少ない。暮らし方も便利にならない。これはある意味では宿命ですが、人工的な都市にはない素晴らしい自然がある。今まで山村や過疎の地域に地域対策として出ていた補助金を削ってしまえば山村は滅び生活できなくなって自然資源もなくなってしまう。そこらを都市部の知事さん達は考えてもらいたい。補助金を地方税財源に移行してよいとおっしゃるが非常に疑問です。過疎地域、山村地域、離島は社会政策として考えなければならない。私たちも要求すべきだと思います。

北　高橋村長さんと同意見です。地方切り捨ての最たるものです。三位一体改革で税源委譲をすると言っても地方に課税客体があるのか。潤うところと潤わないところの差は歴然です。競争原理で地方自治を扱うのは暴論だと言わざるを得ない。北海道町村会としても厳しく要求していこうと思います。

山村も過疎地域も一定の文化生活をする権利はある。弱肉競争原理で都市の一人勝ちは許されるものではない。

奈井江町は住民投票をして住民合意で自立していきます。では今後とも合併は有り得ないのかという問題です。例えば奈井江町は広域連合でやっている。これを発展させながら地域全体が機能分担をしあって、そこから住民同士の一体感が生まれ、住民合意の中で新たな出発ということになれば、「合併も有り得る」と申し上げておきます。自主的にお互いに尊重し合う合併は有り得るということです。

まとめ　―町の将来

―優れた町村長を選んでいるか選んでいないかです。

森　最後にもう一言お願いします。

さきほど「実践的住民自治」という言葉が出ました。それを「戦闘的自治」と申し上げたい。その意味はこうです。

例えば、わが村ではこの問題を優先的に取り上げる。この問題は暫く先送りだ。財源は全体を見渡して使う。それが自治であります。したがって、国の法律で定めた事業で地域には行政対象もいないにもかかわらず担当者を決めさせられて都道府県の会議にも呼び出される。役場職員は「一人何役」である。それを「しかたがない」でなくて無用の仕事は「先送り」「棚上げ」「欠席」にする。それを職員が実践する。都道府県からいろいろ言ってきても「それは違うよ」と言い切る。隷属しない。それが戦闘的自治ではないのか。

つまり、国や県の言うことを耐え忍ぶのは自治ではない。おかしいものは「冗談じゃないよ」「そんなものは放っとけ」とやっていく。それが公務員にできないのなら、住民にその担当を「委嘱」する。それくらいのことを考えたらどうか、と思うのです。最先端の栄村高橋村長さんはどのようにお考えですか。

高橋　まさに理論はその通りですが、自治事務と言われながら「自分の考えで事務を処理しない」というのが実態です。昔の団体委任事務、これはほとんど自治事務になっていますが、法律があるから法律に従って処理をする。実際はそうなっています。今まで通りに無難に対処するのが公務員の一般的な姿勢です。しかし、自治事務で有るのだから、法解釈は自分でしなければならないと思うのです。そして、法律の解釈は人が違えばそれぞれだから「最終的には裁判所が決めるのだ」と思えば、そのくらいに思っていればよいのです。

実際例を話します。台湾出身の医師に村の診療所を10年間お願いしていました。その医師がこの辺で自立して栄村診療所を使って開業したいと言ってきた。「それは結構ですよ」と決断しました。国から多少の補助金が出ており問題もありましたけれども「診療所を使用貸借」にして「自営の診療所」にしました。

今、森先生も話されましたが、「自治事務だから自治体で考えてやってよい」「こんなものはやらなくてもいい」は当然なのです。だが、職員は「法律」となると「無難にこなす」になる。昔と同じ様にやってしまう。そういう道しか取らない。私は職員には「村長がやらなくてもいい」というのだから「やらなくてもいいよ」と言うのですが、「いやそうはいっても地方事務所に叱られる」と言います。「地方事務所の所長の言うこと」を「俺の言うことよりも信じるのか」なんて、これは怒っているわけではないけれども、いろいろやりとりをすることはあります。職員に「これはいい」と言っても「地方事務所に怒られる」とかなんとか言ってやり直します。法律を順守しているわけだから処罰するわけにはいかない。「戦闘的自治」は、そうではないと思うのですが、そこまで確実にはいっておりません。でも5年後には「モデルの実践」ですから職員も変わってもらわなければなりません。私ももちろん変わります。議会も変わり住民も変わる。そういうふうに5年間でなんとか「モデルを仕上げていきたい」と思っています。

北　私どもの町では「自治基本条例」を検討している最中です。ワークショップと討論で決めていきます。一番大切なことは「住民の権利を盛り込み」「役場職員の役割を定める」ことです。国の指示で仕事をするのでなく、自分たちの町のために何が必要かと考える。そういう考え方を作っていきたい。

森　会場の皆さん、只今お聞きになりましたように、「町の将来は、優れた町長村長を選ぶか選ばないかによって、町の将来に大きな違いが出てくる」と申し上げまして、サマーセミナーの鼎談討論の結びといたします。このあと事務局から夕食後の「夜なべ談義」の話があります。

（文責・森）

（本鼎談は2004年8月21日・新十津川町でのサマーセミナーで収録）

4　町民参画の行政改革

脇　紀美夫（羅臼町長）

1　魚の城下町

日本の最北端・羅臼町

おはようございます。羅臼町長の脇でございます。

私に与えられましたテーマは「町民参画の行財政改革」でございます。中標津町との合併が破綻しまして、今、自立を目指して「自立プランの策定」を町民参画で進めております。「協働のまちづくり」でございます。

２００５年7月17日に知床が世界自然遺産に登録されて将来のまちづくりに大いに関係しますので「世界自然遺産の町として」の自立プランになるでありましょう。

まず、根室管内のことをお話します。根室市、別海町、中標津町、標津町、そして私どもの羅臼町という1市4町でございます。面積は北海道全体の約1割、10分の1を占めておりますが、人口は1.5％しかない地域でございます。

根室市は北方領土返還運動の原点の地であります。そしてまた水産の地であります。

別海町は大型酪農地帯で、自衛隊の矢臼別演習所があります。自衛隊関係の補助金がかなり多い所です。標津町は酪農と漁業のまちで公共施設の整備がほとんど完了しております。中標津町も酪農地帯で大型量販店等がかなり進出しています。根室管内の消費都市であり中標津空港があります。人口は1市4町で中標津だけが増えています。羅臼、標津、別海、根室は少しずつ減っています。中標津に人が集まるからです。

羅臼町は6600人。標津町は6100人。中標津町が2万4000人。別海町は1万7000人。根室市が3万2000人です。

羅臼町は「魚の城下町らうす」というキャッチフレーズです。羅臼町は、北海道の最東北端であり、日本の最東北端です。根室は最東端です。

羅臼は水産業のまちで、1月のスケトウダラ漁から始まって、ホッケ、マス、カレイ、メンメ、タコ、イカ、ウニ、コンブ、エビなどほとんどの魚が水揚げされます。暖流系の魚はおりません。現在は「海洋深層水」をくみ上げ、魚の鮮度保持と安全・安心な魚を提供するということでやっております。

次に、私のことを話させていただきます。2003年の統一地方選挙で町長に就任いたしました。周囲の状況も含めて合併するという流れでありました。私に町長という話があったとき、「使い捨てだぞ。1期やる必要はない。合併になるとすれば、2年半であなたの仕事は終わりだ」と言われていました。順調にいっていれば本年10月1日には合併になる予定でした。

町長に就任する時に「やりたい仕事はたくさんあるけれども、一つだけは是非ともやりたい。子どもの教育環境整備のために小学校を1校つくりたい」と公約しました。ゆくゆくは小学校を統合することになる。そこで、小学校を今つくっています。

もう一つの約束は、漁業のまちでありまして、税外の徴収金も含めて税金の滞納が非常に多い。そういうことで「滞納問題」を選挙の時に訴えました。

普通は、選挙の時に、滞納問題、税金の問題を言うと票が減ります。タブーだと言われております。しかし私は、あえて言いました。今後、合併するにしろ、しないにしろ財政基盤を確立しなければならない。滞納をきちんと整理しなければならない。きちんと納めた人との公平感からもそうしなければならないとの思いで、選挙戦の時に滞納問題を取り上げました。対立候補がなく無投票で当選しましたが、無投票というのはどれだけ私を支持してくれるのか分からない。どれだけの支持があるのか分からないで仕事をしていくのは精神的になかなかきついものがあります。

三大プロジェクトの一つは「世界自然遺産の登録を目指す」二つめは、衛生管理型漁港をつくるために、2800メートル沖合、300メートルの深さから海洋深層水をくみ上げております。

三つ目は、小学校の改築です。現在5校ありますが将来的には2校に統合したい。

2　合併問題

根室管内4町で「任意の合併協議会」が平成15年6月に立ち上がりました。その時、16歳以上に町民アンケートを行いました。どこと合併するかの枠組みは決まっておりませんでしたが、「消極的な賛成」と「やむを得ない」が60％でした。

住民説明会、中学生、高校生との懇談会等をやりました。それまで任意でやっていた合併協議会を正式に立ち上げたとき「別海町は参加しない」「標津町は8月の住民投票で71％が合併反対」で協議会に加わらなかった。その時の町長が「自分たちのまちは財政的に当分大丈夫なのでやっていける」というメッセージを出したのでそうなったと私は思っております。

中標津町は「合併の相手があれば合併する」でした。私ども羅臼も「価値観を同じくする相手があれば合併を協議したい」ということで「法定協議会」を立ち上げました。隣の標津は「合併しない」ですから、中標津とは「飛び地合併」です。随分マスコミ等にも取り上げられました。

なぜ、私が「飛び地であっても合併を推進しよう」としたかといいますと、「財政的なこと」もさることながら、「人口が減っている状況」と……。地方分権が進んでいく中で、道州制、支庁改革、権限委譲等々が来た場合に「体力的にやっていけない」だろうと思ったからです。「体力」というのは、お金だけの問題ではなく「行政組織も含めた行政の力」としてやっていけないだろうという判断です。

それから、私ども羅臼は中標津までは車で1時間の距離です。中標津には飛行場があります。大きな公園もあり大型量販店もあります。産婦人科等の病院もあります。羅臼にはありません。中標津はインフラが整備されています。パチンコ屋は5軒も6軒もあり、娯楽、医療、消費が整っている。羅臼からは交通アクセスも含めて1時間の圏域です。生活圏が中標津と一緒になっているから、中標津と法定協議会で合併を検討したのです。中標津が2万4000人、羅臼が6000人で3万人を超えるから市にしようとなった。

結果的には、中標津が住民投票で合併反対になり破談になりましたが、印象に残ったのは「新しい市の名前をどうしようか」でした。全国から名前を公募しました。そのとき、中標津町、羅臼町は使わないとの条件を付けました。知床市というのが一番多かった。だが、知床を共有する隣の斜里町長から「知床」という名前は使わないでと申し入れがありました。随分キャッチボールをしました。羅臼は斜里からは東側に位置です。1郡1町の目梨郡羅臼町です。「目梨」は東方を意味するアイヌ語です。東知床市に決まりました。

中標津町が住民投票で6割の方が合併反対になった。実は、中標津の町長選挙で、町長をやっている人が「合併を推進する」という公約で6割支持の当選でした。当選直後に「住民投票条例」が議会で可決され、1カ月も経たないうちに住民投票をやったのです。しかし結果は「合併反対が6割」です。合併推進を掲げた町長が「6割で当選した」のですが「住民投票では合併反対が6割」です。羅臼町でも、議会で住民投票の条例案が出ましたが、11対4で否決されました。私は、住民投票を否定するものではありません。だが、議会制民主主義という中では「町民意見」を代表しているのは「議会の議員」だということで進めてきた経緯もありまして、住民投票に至らない中でそういう判断になりました。だが、結果としては相手から断られたわけです。

3　行財政改革の実践

皆さんの所も大綱をつくって行財政改革を進めていると思います。私どもは「行財政改革大綱」をつくって行財政改革を進めています。

まず一つは、各種団体等の補助金の削減です。手法としては補助金一律10％カット、5％カットをやっていました。これが果たして平等なのかどうか。やはり、それぞれの中身があるだろうということで、われわれ行政側がそれをやるとなかなかうまくいかないので、民間の方に、この補助金をカットするというか、見直すための検討委員会をつくっていただき、民間の方にやってもらいました。

集まってもらって、この団体の補助金はどうするか、こうするかということをやってもらいます。1回決めたら3年間据え置きでやって、今年また、来年に向けて検討しなければならない時期に入っております。補助金の検討は、3年ごとに、毎回毎回住民の方に参画いただいてやっています。行政は全く口出しをしない。最終的には町長が判断して、議会に予算として出しますが、ほとんど尊重したかたちで今やっています。

職員の普通昇級も停止しました。職員組合からもかなり抵抗がありましたが、やらせていただきました。本俸以外の特殊勤務手当等々についても削減しました。議会議員、特別職の報酬、給与も削減しました。ちなみに、私が就任する前の給料は87万円だったと思います。今は67万7０００円です。職員定数の見直しも当然しました。ここ2、3年退職者は不補充です。補充しなければいいというものではありませんので、来年に向けて今年は何人か採用しなければならないということで今やっております。

それから、日帰り日当廃止。今まで、日帰りで出張しても日当２０００円かいくばくか出ていましたが、全くゼロ。廃止いたしました。これは職員も、町長も、議会もすべて同じです。旅費の一元化。前は、町長が札幌へ出張したら１万２０００円。部長は１万１０００円。課長は１万円。普通の職員は８０００円と段階がありました。日当もそうでしたが、宿泊料も日当もすべて一律にしました。町長も今入ったばかりの職員も同じです。

今は、私の宿泊料は、札幌出張１泊１万円であります。東京へ行くと大体赤字になります。出張すればするほど赤字になります。東京で１万円で泊まれるホテルを探すのは大変です。仕事の便、あるいは交通アクセスの便を考えたときには、なかなかそういう適当なホテルもなくて、結局は１万５０００円ぐらいのホテルに泊まらなければならない。赤字を言いたいわけではありませんが、そのように一律になっています。

それから、保育園の統合。保育園は地域ごとに全部で８園ありましたが、５園まで減らしました。小学校は、５校を２校にしようということでやっていますので、保育園も２年後には２園にしようと思っています。町有バスも４台持っていましたが廃止しました。町民の足については、町内のどこから乗っても町内は１００円という「くるりん」バスを民間に委託して運行しています。かなり節約になっております。サービスは下がっておりません。

各種委託料の削減もしました。

4　緊急行財政改革

緊急的にやったのは、職員の人件費です。基本給5％カット、期末手当等を10％。議会議員は20％。町長が15％。助役は置いておりませんが12・5％。教育長は10％。教育長を15％にすると一般職とほとんど同じになってしまう。バランスで職員と同じ10％カットにしました。

助役を廃止しました。まだ任期のあった助役ですが4月で助役の職を退いていただきました。以前から収入役も置いていません。今は特別職は教育長と私です。町長が助役、収入役もやっているようなものです。

独裁政治にならないように、助役を廃止して今まで課制だったものを部制にしました。役場の中を総務部、民生部、経済部の3部にしました。今まで助役がやっていた仕事や権限を、3部長にやってもらう。集団執行体制で進めております。

私どもは4月からやって、今、半年経とうとしていますが、その結果、今のところは……。対外的な、例えば町内にいろいろなインベントがあったり、行事があったりすれば町長が出てきて挨拶をします。町長がいなかったら助役というわけですが、今助役がいないので、町長の次にいきなり一般職の部長が出てくるということで、町民から見ると多少そういうことでのあれはあるかもしれませんが、私は、今のところ良かったと思っています。

というのは、総務部なら総務部の懸案があったときに、総務部長が自分だけで考えたり、自分だけで結論を出すのではなくて、経済部、民生部の部長と一緒になって相談します。そして、一つの結論を出します。民生部もそうです。民生部に何かがあったときには、総務部長と経済部長にも入ってもらって常に3人で協議していく。それで私の所まで決裁に来るようになっていますが、1人ではんこを押してくるより、3人できちっと協議をしてからはんこを押してくるので私は安心して決裁ができます。そういうことで、集団執行体制は今のところうまくいっていると私は思っています。

それから、水道料金は10％上げさせてもらいました。ごみの収集料金は33％上げました。3分の1です。ごみは収集料金が非常にかかっております。私のまちは、自分のまちの中で処理しているごみは一つもありません。最終処分場は隣の標津町。リサイクルはそのまた隣の中標津町。焼却施設は、今建設中ですが別海町。3町でそれぞれごみを処理している。焼却施設ができるまでの間はどうしているかというと、150キロもある根室市まで運んでいます。従って、コストも非常に高くかかっていますので、9月からごみの収集料金を33％引き上げさせてもらいました。

それから、庁舎は3階建てですが、4月からエレベーターを休止いたしました。「エレベーター休止？　今は高齢化で身体の不自由な方がたくさんいるのに、エレベーターを休止するなんてとんでもない話だ」という話になりますが、考えてみたら3階は議会議員のエリアです。実は、エレベーターを使うのはほとんどが議会議員です。

それと、体の不自由な方が来たら、2階に上がってもらうのではなく、1階にいてもらって、そこに職員が下りて行って対応することにしました。今のところ、特別苦情も来ておりません。苦情があるとすれば、議会議員の1人か2人が不便と思っているかもしれませんが、一般の町民からは特に苦情は来ていないようであります。

エレベーターを止めて、経済的になんぼコストが安くなるか。年間100万円です。100万円のためにやりますが、やはり、それは自立をしていくために、そういうことも一つ我慢してもらいたいというメッセージとしてやっております。

それから、町で発行している広報誌は、各町内会にお願いをして配布してもらっています。各町内会に班長がいますので、全町にきっと70～80名の班長がいると思いますが、広報を班長に届けてもらう仕事を年間何十万円もかけて民間の人にお願いしていた。これを全部職員にやってもらうことにしました。1カ月に2回、職員をそれぞれの地域に割り振って、広報を各班長の所に届けることにいたしました。そんなことも今年から緊急的にやりました。

それから、キャンプ場も今までは無料でしたが全部有料化いたしました。実は、町営のキャンプ場は条例で決めても問題ありません。使用料を取れますが、国設のキャンプ場は、国民の税金を使って、国民に広く利用してもらうためにつくった施設なので使用料が取れない。ここは水道も出て、水洗トイレにもなっていますし、ごみも処理していますので、利用料としては取れないのであれば、清掃協力費というかたちであえて協力してもらっています。これは強制力はありません。あくまでも協力してもらっているということです。

加えて、世界遺産になったこともあって観光客が非常に増えていて、あとから申し上げますが、羅臼にはいろいろな観光客が入っております。観光客に、燃えるごみ、燃えないごみということでごみの袋を100円で買ってもらうことにいたしました。そして、ごみを袋に入れて、50カ所ぐらいの、町の決めてある所に置いてもらえば処理をする。これも強制力はありません。

基本的には、ごみは自分で持ち帰っていただきたいということでやっておりますが、結果的にはなかなか持ち帰らないで、羅臼に来てごみを捨てて行くということがありますので、コストがかかるから評判は良くないかもしれませんがあえてやらせてもらっています。「いい」と言う人もいるし、「なんでそこまでするのだ」と言う人もいます。

これは羅臼町だけで取り組んでいてもなかなか効果が上がらないと思います。いずれ周辺の町村、北海道全体がそうなればいいと思っていますが、これは恐らく賛否両論があるかもしれません。そういうことで、平成17年度は緊急的な行財政改革ということで今取り組んでいるところであります。

5　自立プランの策定

合併が破綻した段階で自立のプランをつくろうと決心し検討しました。

実は、合併の協議をした時にも自立のプランを1回つくっています。水道料金を10％上げる、助役を置かない、スキー場などを休止する、プールもどうするか、住民サービスにかかわること、負担にかかわることについてメッセージを出しました。

それをベースに具体的プランをつくろうと、今年1月、公募も含め町民41人の検討委員会を立ち上げました。28回会議を開き7月21日に自立プランの答申をいただきました。41人の委員はすべて無報酬、費用弁償なしです。仕事が終わって自分の車で、公民館等に集まってもらって、「将来、羅臼はどうする」という自立プランを検討していただきました。

自立プランの結果そのものよりも、こういうかたちで住民に参画してもらってやったことに非常に意義があると私は思っています。新聞にもかなり取り上げられました。会議の内容は、その都度町民に報告しました。それが町民に訴えるところが多かったと思っております。

職員19人のワーキンググループを昨年12月28日に立ち上げ、8月2日に答申をまとめました。自分たちの給料をどうすべきか。私は、「人件費は、職員も特別職も含めて平成16年度ベースの20%削減」というメッセージを出しました。今のところ半分ぐらいは達成していますが、あとの半分を、平成18年度に向けてどうするかを職員にも検討してもらっています。その結果、職員定数、勧奨退職制度なども考え方をまとめました。その二つの提案をベースに私の政治判断で、10月中に自立プランを策定するため調整している最中であります。

先程申し上げましたが、羅臼にスキー場があります。このスキー場は、眼下に北方領土の国後も見えますし、流氷も見えます。オジロワシ、オオワシも舞っております。ロケーション的には非常に優れた所です。スキーリフトがありまして、このリフトを運営するために年間1500万円ぐらいかかります。スキー料金の収入はせいぜい200万円あるかないかです。

スキー人口が増えて利用者が多ければやるつもりでしたが、利用者が全く少ないのだか、学校の児童、生徒が冬の健康のため、体育の勉強のためにやっています。

スキーが町の花、町の木と同じように「町の技」になっていますので、「町長、スキーが町技になっているのにもかかわらず、スキーリフトを廃止するなんてとんでもない」と言われていますが、施設の老朽化も含めながら判断しなければと思っています。

住民検討委員会の中では議会議員の数をどうすべきの議論があります。16人の定数ですが、町民会議では12人以下にすべきだという話になりました。議員報酬の引き下げ。議員期末手当の引き下げ。この三つを町民会議で話しました。

9月14日に定例議会が行われて、16名の定数を10にする条例が成立しました。議員提案です。議員の特別委員会で協議して11対3です。11人が12という定数削減に賛成。3人はノーということで、多数で可決されました。定数は16人から一気に10人です。町民の意向を議会がくみ取ったということだと思っています。

6　協働のまちづくり

私は、選挙戦の時に「目指そう、協働のまちを」というスローガンを掲げました。行政だけでは決して仕事をやっていけない。地域提案型事業というのをやっております。地域の町内会であるとか、あるいはグループ・団体が「自分たちは、こういうまちづくりのためにこういうことをやりたい」ということを提案し、その提案を審査して良ければ一定の限度で補助金を出す。具体例を申しますと、自分たちで町内に公園をつくる。今までは公園は行政がつくりますが、行政はなかなかからちが明かない。自分たちの手でつくろうと「自分たちの機材と労力でつくる。町は材料代を出してくれ」ということです。地域提案型でやりました。

それから、地域の会館は町がつくった建物ですが、管理は町内会がやっています。「屋根のトタンがさびて古くなったのでペンキを塗りたい。町にペンキを塗ってくれと言っても、町は予算がないから……」「町に言っても駄目だろうな。自分たちでやるからペンキ代だけ出してくれ」。既に3カ所ぐらい町の施設の会館を、町内の人たちが休みの時に労力奉仕で、ペンキだけは町で買った。

それから、町民に寄付というかたちで積極的にまちづくりに参加してもらおうと「知床・羅臼まちづくり基金」をつくり、三つのメニューをつくりました。

一つ目は、知床世界遺産の関係もあり「知床の自然保護・保全事業」です。

二つ目は「医療・保健・福祉のまちづくり！　病院改修事業」。羅臼は６６００人の人口がありますが、隣の町まで40キロ、中標津までは70キロ近くということで。病院は、ベッド数の定員が48床の羅臼町国民健康保険病院が一つだけしかないのです。40年以上の老朽化をしています。なんとかこれを改築したい。このあとの私のまちづくりの大きな政治テーマは、町民の命を守るための病院の改築ということに向かっておりまして、そのために皆さんから浄財をお願いしたいということで、今それに取り組んでいます。

三つ目は、「北方領土返還運動をすすめよう！　北方領土返還運動事業」です。

知床の自然保護では7件・85万円集まりました。札幌の一個人からの寄付もありました。羅臼に来たキャンパー、観光客が1口5000円の浄財をお寄せいただいています。

羅臼町国民健康保険病院の改修事業では9件、406万5000円。主に羅臼の町内からです。加えて、サケの定置漁業事業者が36事業者がありますが、実は昨年たまたま定置が大漁だったということで、病院の改築に充てれということで、去年暮れに5000万円の寄付をいただきました。その前までに、町民から少しずつ寄付をいただいたのが5000万円ありましたので、今回の9件406万5000円と合わせて約1億円を病院の改築基金ということで寄付をいただいております。

北方領土については、今のところ1件で20万円でありますが、マスコミなども通じながらまちづくりの基金ということで寄付をお願いしています。これも一つの苦肉の策かもしれませんがそういうことをやっています。

この会場に、羅臼の露天風呂の熊ノ湯に入った方もいるかもしれませんが、あの熊ノ湯の施設は町の施設です。温泉のお湯は、町がお金を払って林野庁から買っている。管理は、まちの人たちが愛好会をつくって管理しています。自主管理です。

施設が老朽化すれば町がお金を出すことになっています。今回、老朽化しているポンプと給湯管がもう駄目になってしまって、熊ノ湯愛好会の方が来まして、「俺たちが寄付を集めるからどうだろう」と言うから、本来は負担しなければならないので、「それは大変ありがたい話。寄付の結果がどうなるか分からないけれども、町も幾分かの負担はします」「出しますから」と言ったら、「それはやめてくれ。俺たちはやる気になってやっているのだから、町は一切金を出さないでくれ。俺たちはぴしっとやるから」と言われました。全国に呼びかけたら240万円集まりました。それで、今回改修が終わりましたが、きっと200万円ぐらいでできたと思います。

そういうことで、これもまた「協働のまちづくり」の一貫ではないかと思っていまして、合併が駄目になったことによって町民の間では、「ようし、それなら俺たちで頑張ろう」という自立の気運が随分生まれました。

ここに中標津の方がもしいたらごめんなさい。中標津に振られたという思いが町民の中にはあるものですから、言葉は悪いですが「ようし、中標津を見返してやろう」と、町民の間にはそんな気持ちも一つないわけではありません。私は決してそう思っているわけではありません。私は、いずれまた合併は避けて通れないと思っています。枠組みは別にして、合併については、合併新法、５年の中で協議していかなければならないことであろうと思っています。ただ、町民の間にはそういう思いがかなりある中で、自立に向かって頑張ろうという気持ちは随分ある。だからこういうことにも協力してもらえると思っておりまして、これは大変ありがたい話だと思っております。

7　世界遺産の町として

世界遺産になったのは、全国の皆さん、北海道の皆さんからたくさんの応援をいただき、ご声援もいただきました。そのおかげで登録されたと思っています。

羅臼は漁業のまちだから、漁業と自然保護と、トドだとか、スケトウダラとかいろいろ軋轢があって大変だと言われています。

知床には野生動物がたくさんいます。クマも出ます。特に今年はシカも非常に多くて困っています。トドもいます。クジラも泳いで来ます。シャチもいます。そして、そこにわれわれ人間が住んでいるのです。漁業という生産活動も行われています。そういう歴史がずっとあって、現在自然が守られている。守ったのは誰だ。野生動物も含めて、われわれ人間もそこに住みながら自然を守って漁業を営んでいる。そういう状況が認められたから世界遺産になったのだと思っています。

自然を守るだけではなくて、共存共栄というかたちでわれわれも生活している。これからもそのスタイルは変わらない。「自然を守ることは、われわれの生活も守られるのだ」という基本的な考え方に立って、全国の皆さんの応援をいただきながら、われわれの知恵をもってすればいろいろな課題は解決できると思っています。

もちろん専門的な、科学的ないろいろな研究も必要です。エゾシカが、果たしてあの地域にどのぐらいまでいたらバランスがとれるのか。トドはどれだけ駆除したらいいのか。いろいろな課題はありますが、それもみんなの知恵でもってやれば克服できると思っています。自然の中で生かされてきた、そこに住んでいるわれわれ人間、町民が自然をおろそかにするわけがありません。自然を守っていくことで自分たちの生活が守られるのだと思っています。

羅臼に来るお客さんは、どちらかと言えば、写真を撮りたいとか、あるいは登山をしたい、釣りをしたい、キャンプをしたい、さらには流氷を見たい、できればクマにも出会ってみたい、キツネも見たい、いろいろな人が来ます。アウトドア志向の人がきっと多いのだと思います。

斜里側には知床五湖がありますし、観光遊覧船も出ていますから大型バスでどんどんお客さんが入っている。ホテルもたくさんあり、６０００人から収容できるホテルもあります。羅臼の宿泊能力は、民宿を入れてもせいぜい５００～６００で、ほとんどが素通り観光です。10万人来ても、1万人滞在はしません。

従って、先程言ったように、素通り観光であればあるほど、ごみだけは置いていってほしくない。このような席であれですが、私は、行儀の悪い観光客はできれば来てほしくない。きちっとマナーを守ってほしいという思いが一つあります。

そういうことで、世界自然遺産の町として取り組むべき課題はいろいろたくさんありますが、先程言いましたように、自然と野生動物、人間の暮らし、生産活動、その現状の中で、そのスタイルさえ変えなければこれからもずっと自然が守られていくと思っております。

時間がなくなりましたので、８「終わりに」に入りたいと思います。いろいろ申し上げましたが、結局何を言ったのか皆さんの耳に残らなかったかもしれませんが、まとめてみますと、今行政では説明責任という言葉が随分言われています。私は、説明する責任というよりも、理解して、協力してもらうことが必要なのだろうと思っています。

スキャンダル的なことがあれば、その説明責任みたいなことで頭を下げなければならないのですが、それ以前にきちっと町民に理解をしてもらう。それで、その結果協力してもらうことで、説明という大きな意味を持つのではないのかと私なりに思っています。

8　まとめ　―町民参画

行財政改革、合併議論、自立のプランづくりで、町民にどういうメッセージを出しているか。広報誌、防災行政無線、新聞、ラジオ、テレビ等によるマスメディアの活用。大きくこの三つがあります。だがこれは一方通行です。情報をただ送っているだけ。

私を含めて職員は、「これだけ情報を出しているではないか」と満足はしていないが、出したということで役割を果たした気になってしまっていると思います。

「忙しかったから見なかった」、「活字が小さくて見えなかった」、「防災無線の電池が切れていて聞けなかった」、「新聞は取ってない。読んでない」と言われたら、相手は情報を受けてないことになります。どうやったら情報の双方向ができるか。

継続して、1人でも2人でも、特に今回の合併問題を通じてもそうでしたが、町民への説明会、あるいは講演会、さらには相手の反応が返ってくるアンケート調査、懇談会を行う。

それから、出前授業をやっています。5人以上いればどんなテーマでも、誰々職員に来てくれと言われれば、町長でも誰でもそこに行って出前講座をやります。そのうちに5人集まって、このテーマで、例えば、「今回はごみの問題で聞きたいから来てくれ」と言われれば、そこに職員が行って説明をする出前講座というものをやっています。こういうことが情報の双方向ではないのかと思っております。

合併問題の時に住民説明会を1カ月かけて19会場でやりました。人口6600人の所ですが、延べ938人に集まってもらいました。合併講演会も行いましたが、150人に集まってもらいました。この時は町が主催しましたが、関西学院大学の小西砂千夫先生に来てもらいました。そのほかに議員の有志によって講演会を2回開きました。その時は、今日、司会をされております森啓先生、横山先生にも来ていただき、町民に合併のいろいろなお話をしていただきました。

そういうことでやっていますが、説明会では、本当は来てほしい人が来ないのが悩みです。このことを説明したいから来てほしいという人はなかなか来てくれない。

去年だったと思いますが、ごみの問題で集まった時には、確かにかなり来ました。その時に、実は滞納の問題も一緒にやりました。滞納だけで集まってくれと言っても、税金のことでは誰も集まって来ない。聞いてほしい人が来ない。従って、ごみを分別することをやった時に、滞納のことも一緒にやりました。

そのようなことで、やはり、継続的に数を多くやることが必要なのかと思います。羅臼の場合、特に漁業者が多いものですから、夜中の11時半になったら出航してしまいます。朝、帰って来て、疲れてくたくたになって、昼に事業をやっても、何をやってもなかなか来てもらえない。そういう産業的な特殊性もあるので、まちづくりの町民参画はなかなか難しいところがたくさんありますが、私はできる限りのことは今後も続けていきたいと思っています。

本当に早口で、しかもとりとめのない話に終始してしまった気がしております。新しい、本当はもっと別なかたちでと思いましたが、あれもしゃべりたい、これもしゃべりたいと思いましたので、ちょっと欲張ってしまい、とりとめもないことになってしまったと今反省していますが、もう終わってしまいましたので反省しても間に合いません。勉強して、何かのときにまた皆さんにお話しする機会があればと思っております。ご静聴、大変ありがとうございました。（拍手）

（２００５年９月17日）

5　子どもも参加して決めた町の将来

碓井直樹（奈井江町職員）

情報共有を理念に議論をスタート

1995（平成7）年、1999（平成11）年の2度にわたる合併特例法改正の後、北海道から93パターンの合併の組合せが示され、これを受けて奈井江町においても2001（平成13）年の春頃から、合併問題の具体的な取り組みが始まります。

奈井江町は1944（昭和19）年、現在の砂川市から分村。炭鉱の隆盛期には人口も1万9000人を数えましたが、今は7000人を切る状況にあります。ふるさと市町村圏や消防、ごみ処理など、当町が自治体間連携を深める中空知地域5市5町も、道が示す組合せの一つとなり、首長間の合意により地域のグランドデザインを描く作業からその議論が始まりました。

中空知は基幹産業の衰退等により、過疎化、少子高齢化などが他の地域に比較して速いペースで進行していますが、戦後は滝川市を除いて合併議論の経験が無く、白紙の状態から模索したと言ってよいと思われます。

当町の北良治町長は、この合併問題についてまず行政と議会、そして町民がその情報を共有し、ともに考えるというスタンスに立ち、合併情報誌の発行や町民説明会などを積極的に進めること

表1　国勢調査による人口の増減

区　分	2005年	2000年	増減数	率%	高齢者人口（05年10月）
北海道	5,627,422	5,683,062	△55,640	△1.0	21.1 %
空　知	365,563	386,657	△21,094	△5.5	28.0
中空知	129,160	137,444	△8,284	△6.0	28.6
芦別市	18,898	21,026	△2,128	△10.1	32.9
赤平市	14,401	15,753	△1,352	△8.6	33.7
滝川市	45,550	46,861	△1,311	△2.8	23.3
砂川市	20,068	21,072	△1,004	△4.8	27.5
歌志内市	5,221	5,941	△720	△12.1	36.2
奈井江町	6,836	7,309	△473	△6.5	30.0
上砂川町	4,770	5,171	△401	△7.8	37.6
浦臼町	2,418	2,643	△225	△8.5	33.7
新十津川町	7,682	8,067	△385	△4.8	28.6
雨竜町	3,316	3,601	△285	△7.9	29.6

としました。また、奈井江町においては、2002（平成14）年に「子どもの権利に関する条例」が制定され、子ども達のまちづくりに参加する権利を保障し、「子ども会議」「町長と語る会」の開催など、積極的に子ども達との交流を深めていました。この子ども達の合併議論への参加も、我が町にとっては旧法下の一つの特徴となります。

住民議論の高まり

町民と共に合併問題を考える姿勢に立った北町長からは、「町民に〝わかりやすく〟情報提供をしなさい」という指示が職員に出され、2001（平成13）年7月から8

回にわたって『どうなる、どうする市町村合併』という情報誌を全世帯に配布することになります。

情報誌の作成にあたっては、国や道から示された一般的な内容に加えて、町民が色々な角度から合併を考えることが出来るように多方面へ取材を行うなどの工夫を行いました。

その内容は、国、道、奈井江町の合併に対する考え方、合併特例法の内容、過去の合併の実例、町の財政状況、町民の意見、近隣自治体の動向等々、順を追って掲載しました。(表2)

この年の10月には、近隣自治体の首長や大学教授、道の担当者にも加わっていただいて、討論会を開催し、近隣自治体も含め約350名の地域住民に参加をいただきました。この討論会は、この種のものでは道内でも最も早い取り組みでありましたが、町民の関心も高く会場とのやり取りもありました。

2002(平成14)年春からは、直接町民のもとへ出向いて議論が始まります。町内会単位の懇談会、各種団体との懇談会など、翌2003(平成15)年にかけて、延べ1800人を超える町民に参加をいただきました。

また、日々変化する情勢を共有するために、町内の各地域の代表に各学校の児童生徒の代表を加えた「合併問題町民懇話会(24名)」を設置し、この中で新たな情報を提供し、議論を重ねなが

表2　合併情報誌「どうなる・どうする市町村合併」の内容

発行年月	主な内容
1号　'01年7月	町の歴史、町長の基本的な考え方 合併とはなんだろう（基本的なこと） 合併のメリット・デメリット 近隣の合併の実例
2号　'01年11月	討論会の内容 合併までの手続、協議の流れ 合併に対する支援策
3号　'02年1月	北町長が総務省を訪問「市町村合併を問う」 数字で見る中空知 レポート「本州の合併の実例」
4号　'02年4月	インタビュー「町民の声」 合併の財政支援・合併特例債とは レポート「中空知地域づくり懇談会」
5号　'02年8月	少しずつわかってきた合併の影響「6つのポイント」 町の財政
6号　'02年11月	住民意向調査のおねがい 合併制度の復習 これまでの議論から
7号　'03年10月	住民投票の実施について 中空知地域任意合併協議会の検討経過
8号　'03年12月	住民投票後の議会における町長の説明 法定協議会への不参加について
<その他> '03年1月 '03年8月	住民意向調査　結果報告 「どうなる　どうする　ないえの財政」

表3　住民意向調査

○調査期間　'02年（平成14）11月16日～30日
○回収率　78.0%（配布3,111世帯　回収2,428世帯）

主な設問と回答内容	
国が合併を進めていることについて	・知っている　89.8% ・知らない　8.9%　・無回答　1.3%
合併について	・賛成　29.9% ・反対　45.6% ・わからない　22.5%　・無回答　2.0%
合併したほうが良いという理由（複数回答）	①経費の削減など行財政の効率化が期待できる（68.7%） ②少子高齢化や過疎化により人口が減少していくから（48.7%） ③生活圏が既に奈井江町の区域を越えている（43.7%）
合併する場合どの市町村が良いか（組合せは自由）	①砂川市（12.0%） ②中空知5市5町（7.1%） ③滝川市・砂川市（6.4%） ④砂川市・浦臼町（5.3%） ⑤砂川市・歌志内市・浦臼町・上砂川町（4.6%） ※全回答数は、101パターン
合併しないほうが良いという理由（複数回答）	①地域の意見が議会や行政に反映されづらくなる（49.6%） ②行政のサービスが悪くなる心配がある（46.9%） ③合併しても財政の問題は解決しない（45.2%） わからないという理由（複数回答）
わからないという理由（複数回答）	①合併の問題が難しくて判断できない（39.4%） ②判断するための情報が少ないから（20.9%） ③合併してもしなくても、特に生活に影響が無い（14.6%）
これからのまちづくりで必要だと思うこと（複数回答）	①高齢者、障害者対策等の福祉の充実（30.4%） ②農業、商工業など地場産業の振興（28.0%） ③雇用対策の充実（27.3%） ④行財政改革の徹底（26.4%） ⑤地方分権に対する行政の体制整備（26.1%）

ら、地域や学校への情報の橋渡し役をお願いしました。

このように、紙面を使った情報提供と、町長が自らその考えを説明し議論を交わす手法を並行して行い、町民の理解も徐々に深まりを見せてきました。

２００２（平成14）年11月には、これまでの議論を踏まえて町民の考えを確認するために「住民意向調査（アンケート）」を町内全世帯（３１１１世帯）を対象に実施しました。（表３）

この調査では、「合併したほうが良いのか」、「しないほうが良いのか」、あるいは「わからないか」の選択とそれぞれの理由について記入をお願いしました。また、「もし合併するとしたらどの自治体との合併が良いのか」、その他にも、「まちづくりで今必要なこと」、「このアンケート記入にあたって家族で話し合われたこと」など、大きく10項目について記入をお願いしました。

質問の内容、回収の方法なども、町民懇話会、あるいは連合区長会議など町民との話し合いの中で決定する方法を取り、その効果があったのか、回収率も78％を確保することができました。

この調査の結果は、「合併に賛成が２９・９％」、「反対が４５・６％」、「わからないが２２・５％」このわからないという部分を重視し、その後中空知地域の任意合併協議会にも参加し、更なる情報提供を進めることになります。

子ども達の参加

○子どもの権利に関する条例

1989（平成1）年国連において「子どもの権利条約」が採択され、日本でも1998（平成10）年に批准されました。当時奈井江町においても、高齢者対策への投資が一段落し、今度は子ども達に政策の視点を当てようという方向性が出てきた時期でした。

そこでまず町は、2000（平成12）年に「青少年健全育成の町宣言」を行い、子ども達の個性を認めていこうという基本的な方向を確認し、2001（平成13）年に「子ども達の権利」という部分を具体的な形に出来ないか、そこを検討するために17名の町民による条例の検討組織を立ち上げたほか、町長も子ども達と直接対話を行いながら条例作りが進められました。

2002（平成14）年4月、全18条におよぶ「子どもの権利に関する条例」が施行。この条例では、「安心して生きる権利」「自分らしく豊かに育つ権利」「自分が守り育てられる権利」「参加する権利」という4つの権利が子ども達に保障されました。4つ目の「参加する権利」、これが合併問題にも係わってくることになります。

制定後実効性のある条例にしようと、子ども達も含めてこれからどうするか話し合いがもたれ、町内の２つの小学校と中学校、高校（各1校）から、２名づつの代表による「子ども会議」の設置が決まりました。この子ども会議は、子ども達に主体性を持たせることとし、事務局となる教育委員会や各学校の先生達は後方から支援する立場をとる中でスタートしました。

実際に何が話されたかというと、例えば、「町の大きなイベントに子ども会議として何か参加する方法はないだろうか」とか、「この子ども会議で出た話題を学校に持ち帰ってどんなふうに話し合うか」というようなことでした。そしてもう一つ、「その時々の町の話題であるとか、課題となることについて、町長と直接話し合う場を設けよう」というもので、年１回「町長と語る会」を各学校で開くことを決定しました。

○子ども達の合併問題

２００２（平成14）年にスタートした「町長と語る会」について、子ども達が選んだテーマは「合併問題」。そこで北町長からの指示は「とにかくわかり易く子ども達に説明できる資料を作りなさい」という指令がでます。子どもとはいえ、「なぜ今合併が議論されているのか」、そこもきちんと説明しなければなりません。地方分権であるとか、少子高齢化であるとか、財政の問題についても噛み砕いて説明し、基本的な部分に変わりはないものの、小学生用、中学生用、高校生用を別々に作って、語る会に参加する5年生以上の児童生徒全員に配布しました。

小学校で開催された「町長と語る会」では、事前に学校や家庭で勉強した子ども達から町長に対して質問攻めとなりました。「奈井江町の名前はどうなるのか」「学校はどうなるのか」「体育館など今ある公共施設はどうなるのか」「出来たばかりの子どもの権利に関する条例はなくなるのか」「お年寄りを大切にする奈井江町の特徴がなくなるのではないか」等々、町長も汗だくになって一つ一つ答えます。

中学生のあるクラスでは、資料を家庭に持ち帰り、親と子を対象にしてアンケート調査を実施するなど独自の取り組みも行い、その内容を基に町長と意見交換を行うなど予想を上回る活発な議論が交わされました。

このように学校にも協力をいただいて、子ども達にも徐々に合併問題が浸透していきます。

住民投票と子ども投票

町民や子ども達との議論が進む中、北町長は2003（平成15）年7月住民投票を決意します。

この時期に決めた背景には、奈井江町が参加し協議を進めていた中空知地域任意合併協議会において、この年の11月までに法定協議会に参加するかどうか、それぞれの市町の意思確認をする申し合わせがなされたことにあります。また、この時点で既に明確に合併の意思を明らかにしている自治体もあることから、特例法の期限を睨んだ時、法定協議会移行後に脱会することはその自治体に対して大きな迷惑をかけるという事情がありました。

住民投票を決意した町長は「町の存亡にかかわる重要な問題。町長と議会だけで決めるわけにはいかない。きちんとした判断材料を示した上で町民が自己責任で決める。これが真の民主主義、自治の原点です。」と取材に対して答えています。

庁舎内で投票条例づくりが始まります。まずどういう聞き方をするかその議論を行いましたが、最終的には「合併特例法の期限までに、任意協議会で話し合いをしている市町と合併するか、どうか」ということになりました。（既に離脱を表明していた2町を除き、奈井江町を含む4市3町による合併）

次に、投票資格をどの年齢にするか。当時本州で子どもに投票させている自治体もあり、当町も検討を始めましたが、前述の「子どもの権利に関する条例」を尊重すること、そして子ども達とも合併の議論を進めてきた経過があることを根拠に、小学校5年生以上、高校生までを「子ども投票」として、18歳（高校卒業）以上を「住民投票」として実施することになりました。条例の中では、住民投票の結果を「町長と議会はその結果を尊重する」とし、子ども投票は「参考にする」として区分しました。

投票条例は9月定例会に提案し、全会一致で可決されます。以降10月の投票にむけて、住民説明のほか、町をあげてＰＲ活動、投票啓発活動が行われます。

我々も町民と相談しながら手作りのパンフや掲示版を作成したほか、議会も街頭啓発を実施してくれました。子ども投票に関しては、町外の高校も応援をしてくれました。

子ども達とは、町長と語る会などで2年間〝一緒に勉強をした〟という実感を持っていましたが、やはりいざ投票となると不安もありました。しかし学校での説明会では、小学生から「今回合併しなかったらもう永久に合併しないのか」「今回の投票で自分が合併したいと思える町や市を選べないのですか」さらには「僕達の意見を参考にするということですが、参考にするというのはどういうことか」という実にしっかりとした質問が出されました。

説明の締めくくりに町の選管職員が話したことは、「先生や両親、友達といっぱい相談してください。でもあくまで自分の意志で投票所に行き投票してください」ということです。

子ども投票も全て大人と同じように、投票録、入場券を作成し、投票用紙や投票箱も同じもの用意し、同じスタイルで実施しました。

２００３（平成15）年10月22日に各学校で昼休みと放課後を利用して、小中学生の投票を学校で行いました。子ども達は、入場券を握り自らの意思で投票所に集まってきました。高校生以上は、大人と同じ26日に町内５箇所の投票所で行いました。

この住民投票でも不在者投票を行いましたが、高校生も同様とし、小中学生も学校で実施できない場合は同様にこれを認めました。

注目された投票率も住民投票で73％、子ども投票で87％の高い率を確保することが出来ました。直近の町長選居の投票率が72％ですから評価できる数値だと考えています。

開票結果

○住民投票　＜投票率：73.01％＞

合併しない	3,258票（73.05％）
合併する	1,168票（26.19％）
無効等	34票（0.076％）

○子ども投票　＜投票率：87.21％＞

合併しない	378票（84.00％）
合併する	71表（15.78％）
無効等	1票（ 0.22％）

表4　子ども投票に関する新聞記事のコメント

○北町長	①「行政主導ではなく、議論の過程までも住民と共有することが大事、これをパフォーマンスと言うなら、良いパフォーマンスじゃないですか」 ②「子どもには難しいという意見もあったが、大人より高い投票率。誠実に対応すれば子どもはまっすぐに答えてくれる」 ③「子どもの参加が大人も地域も変えている」
○学校の先生	①「投票は、自分の意志で重要な事案を判断する貴重な機会になったはず」 ②「参加する権利が保障される中で、町のことを自分達も考えなければならないという意識が生まれてくる」 ③「子ども達の意思を尊重し、合併の選択を決して強制しないように説明には気を使いました。大人と同じ経験が出来て子ども達は喜んでいました」 ④「生徒達も重要な投票だと認識していたようだ。難しい問題だが、家族の意見などを参考に自分なりに判断したようだ」
○家族・親	①「大人のようなしがらみは無く、純粋に問題を考えている」 ②「子どもには難しい、アンケートに留めるべきだ」 ③「子どもなりに責任を果たし、町のことを考えるいい機会。意見を尊重したい」 ④「私が投票に迷ったときは、子どもの意見を聞くのも良いかなと思っています」 ⑤「孫に合併問題を聞かれ、広報資料を見直しました」
○小学生	①「投票は緊張した。お母さんと相談してどちらに投票するか決めた」 ②「子どもの意見を聞いてくれるのでうれしい。悩んだが家族で決めたのとは別の方に投票した」 ③「友達と何回も話し合って決めた」 ④「合併して大きくなった方が良いかなと思うが、よくわからない」 ⑤「投票を楽しみにしていた。友達と話し合って決めた」

	⑥「家族はみんな反対だったが、大きな町になればよいと思い自分で賛成に決めた。結果は残念だけど、みんなで決めたことだからしょうがない」 ⑦「自分で考えて反対票を入れた。結果は良かったけれど賛成した人のことも考えなければならない。難しい、真中は無いんだよね」
○中学生	①「親には相談しないで、テレビ、新聞、学校で配られた資料などで判断した」 ②「投票はどうでもいいと思っていたが、両親から『大切なことだから真剣に考えろ』と言われ、勉強して決めた」 ③「投票制度には賛成。私達の意見を聞いてほしい。今回は合併問題だったが、ゴミ問題や観光の問題についても投票があるときは参加させてほしい」
○高校生	①「賛成、少しでも変化して行かないと町の将来はないと思う。合併して大きな地域となった後は、奈井江が福祉、砂川が医療など役割分担が出来ればいい」 ②「賛成、家族と話して決めた。税収不足など町の将来を考えると合併しかないと思う」 ③「反対、奈井江という名前が無くなるのは淋しい。どうにもならないというわけではない」 ④「中学生と時から町長と町のことを話していたので関心があった。自分の投票がこれからの町のことに影響するんだと思って、親や友達と話してぎりぎりまで迷って投票した」
○有識者	①「投票は条例の精神に合致している。子どもも市民として地域の将来に意思を表すことが出来るのは画期的なこと」 ②「子どもは自分で考え、発言し、背伸びをしながら育っていく。経験の無いまま大人になり、急に意見を表明しろと言われても難しい。小学校高学年というのは思春期の入口で、地域の問題を考える機会を持つことはいいことだと思う」

子ども投票に関しては、一部のマスコミ報道で「単なるパフォーマンス」と言われた時もありましたが、「子どもの権利に関する条例」の存在、そして子ども達が真剣に考え家族と相談することにより、結果として大人たちの意識も変えていったという予想していなかった大きな成果がありました。

子ども投票に関しては、マスコミにも大きく取り上げられ、子ども達や親御さんたちの率直な意見が広く紹介されました。（表4）

投票結果を受けて

投票結果は、住民投票で73％が合併しない、子ども投票でも84％が合併しないという結果になりました。ただ、北町長はこれを受けて直ちに結論を出しませんでした。それは当時、第27次地方制度調査会で、基礎自治体の規模について議論が行われており、場合によっては1万人未満の市町村に対する強硬な答申が出される可能性があると危惧されていました。

そこで、11月13日の答申を待ちましたが、新たに都道府県が構想を策定する内容が組み込まれました。そこで今度は、直接知事から都道府県の立場で強制的な合併は行わないとの確認を得た上で、臨時議会を招集して法定の合併協議会への不参加を決定しました。

投票を終えて

住民投票を終えて、奈井江町は当面の自立の道を歩む方針として、「奈井江町自律プラン」を策定し、様々な改革案を決定します。ここには当然町民に係る部分も含まれます。

例えば75歳以上の高齢者に配布していた、敬老祝品なども対象となりましたが、この取扱については当事者である高齢者に集まっていただき、町長と話し合いを行った結果、当初の町の提案を上回る内容で改革が行われました。こうした話し合いの中で聞こえてきたのが、「町民自らの意思で自立を選択したのだから、みんなで我慢しよう、頑張ろう」という声です。

こうした考え方は、多くの町民に浸透したものと思われ、住民投票後、町内においてはこうした改革に対してなんら混乱は無く、町内のＮＰＯや企業の協力による指定管理者制度の導入や厳しい経済情勢の中にあって、約５００戸ある公営住宅の使用料（２００４年度現年度分）が史上初めて１００％の収納率となるなど、自治意識の高まりが現れてきています。

２００５年４月から、合併新法が始まり、現在（２００６年１月）市町村合併推進審議会の議論を進めつつ新たな構想作りが道庁において進められています。

奈井江町の前回の選択は、旧法下の比較的大きな区域の合併に対して、町民の判断を仰いだものであることから、道の構想に基づくまた新たな組合せなどが示された場合、再び町民に情報を提供した上で、多様な自治のあり方が議論されると考えています。

前回の合併議論同様に、合併する、しないに関わらず、議論の積み重ね自体が住民自治を高めていくものと考えています。

6　市町村合併と住民投票

合併強要は時代逆行

合併騒動で日本列島は大揺れに揺れた。

明治以来の機関委任事務制度が廃止になり「さあこれから」というときに、総務省が指令し道府県がこれに従い交付税削減の兵糧攻めで合併が強要された。

だが、少子高齢社会に突入し過度に一極集中した日本列島が甦るのは、地域それぞれが魅力ある地域社会をつくる自立心である。合併強要は日本列島の将来を展望しない「地方切捨て」である。

合併とは何か

合併とは「地域の自治権」「地域の自治制度」を永久に失うことである。父祖伝来の町の名前がなくなり、役場から発注されていた財政支出がなくなり公共経済の地域還流が失われる。若い職員は中心地に住所を移し商圏も中心に移って商工業も衰退する。周辺地域は間違いもなく寂れていく。既に合併した地域の実態を眺めれば歴然ではないか。

故郷を投げ出す首長と議会

「合併やむなし」を言明した首長と議員の言動を仔細に観察するならば、総務省の兵糧攻めに直面して「故郷を守り抜く気概」はない。理不尽な「合併強要」を「乗り越える覚悟」はなかった。「自身のこと」を第一義に考えて対処したと思わざるを得ない。全国には「困難を覚悟」し「合併せず」を決断した町村長が数多くいたのだ。その才覚と覚悟を聞かずして「合併やむなし」を口にするのは「故郷を投げ出す所業」である。「困難な役割」から逃げ出したいからであろう。

徹底的な自律改革

優秀職員を合併協議会担当にして展望のない作業で労力を費やさせるよりも、全国を見渡せば「地域自治権を放棄しない」と覚悟を定めて行財政改革に着手している町村がある。そこに職員を派遣し学ぶべきである。合併協議会が作成した資料は「不確定の数字化」「合併前提の想定資料」である。「交付税の削減も」「行財政改革の覚悟と展望も」「合併後の諸費用も」全て不確定である。未曾有の財政危機を乗り切らなくてはならない。住民にも呼び掛け徹底的な行政と財政の改革である。財政の乏しい町村同士が合併しても財政は良くならない。合併はふるさとを捨てることだ。合併では何も解決しない。

住民投票

合併には「住民合意」が不可欠必要である。首長と議会だけで決めることではない。首長と議会の代表権限は「白紙委任」ではない。住民から四年任期で信頼委託された権限である。なぜ、住民投票を避けるのか。首長の責務は「公正な判断資料」の作成提供である。「住民には合併判断は難しい」「合併は住民投票になじまない」は「住民蔑視」である。

合併を内心で意図する首長は「地域の未来」を語らない。すでに故郷を投げ出しているからである。職員の多くも「自分のことが最優先」であった。首長も議員も職員も特権意識や現状維持の意識から抜け出せないでいた。

市民自治とは「公共性の意識をもった人々が社会を管理するため主体的かつ能動的に政治・行政を制御すること」であり、「市民が政府を選出し・政府を制御し・政府を交代させる」のである。住民投票条例の制定署名は「信託した首長と議会の代表権限を制御する」ための制度整備の行動である。

代表民主制度の揺らぎ

かくして、全国各地で「住民投票条例」の署名運動が起きた。だが、その多くは議会に否決された。そしてまた、直接請求で住民投票を行うことになった場合にも、「投票率が低い時には開票をしない」と定めた。いわゆる「50％条項」である。「この条項」は徳島市議会での吉野川河口堰の建設をめぐる住民投票条例の制定過程で、「住民投票の不成立」を意図した「組織的投票ボイコット戦術」として提案され「やむを得ない妥協」として生まれた「異常例」である。それが「住民の意思表明」を「葬る策」として援用されたのである。しかしながら、投票箱の内にあるのは「住民の意思」である。住民意思を「闇から闇に葬る」のは「民主制度の否認」である。さらには「合併反対」が多数であっても「僅差である」として「合併を進める町長」も現れた。

直接民主制と間接民主制

住民投票は直接民主主義の手続きであるから、憲法が定めている代表民主制度を軽視することになるのではないか、との疑問がある。しかしながら、代表民主制度は「選挙という直接民主制」によって成立するのである。「代表民主制」は「直接民主制」によって正統性の根拠を担保されているのである。「直接民主制」と「間接民主制」を相反する制度であるかのように対置するのは誤りである。

住民投票は代表権限の運営に再検討を求める主権者の手続であって「代表民主制の運営」を正常に取り戻す主権者の行動である。住民投票は代表民主制度の「否認」ではない。信託した代表権限の運営に対する「問い質し」であり「不信の表明」である。その「問い質し」に誠実に対応しないときには「信託解除権」の発動となる。

住民投票条例を求める署名運動の全国的広がりは「代表制民主制度」を補完する「住民自治制度」の整備が求められていると認識すべきである。

自治体改革

七十年代の後半に「革新自治体から自治体革新へ」と盛んに言われた。その意味は、首長が革新系というだけではダメで、自治体の「機構」も「政策」も「制度」も変革しなければならないとの反省から出た言明であった。

それから30年の歳月が経過した。「自治体理論」「政策形成力」「市民自治制度」は相当に前進した。自治体理論を研鑽する場として自治体学会が設立され参加者は年々増加し「自治・分権・参加の理論」は広がった。政策形成能力も高まり、情報公開条例、環境アセスメント条例、住民投票条例、パブリックコメント制度、オンブズパーソン制度、政策評価制度、自治基本条例、などの市民自治制度を装備する自治体も増えた。画期的な展開である。

状況追随思考の蔓延

しかしながら、「投票箱を開票しない」とは民主制度の根幹の否認である。しかるに、学者も労組も政党も「それもあり」と言いたげな黙過である。自治労の自治研究集会にかつて漲っていた時代変革の熱気は何処に去ったのであろうか。不利益をも覚悟して一歩踏み出す情熱が冷めたのはなぜか。実践思考や献身性は何処に消えたのであろう。

自治体学会にも、これを「民主制度根幹の否認である」とする論議はない。ないばかりか、合併を促進する省庁官僚を講師として壇上に招くのである。

政治感覚の麻痺であり批判的思考力の衰弱である。「主体鈍磨」と「状況追随思考」の蔓延である。

（2006年度土曜講座・第四講の論点を森の責任で以上のように整理した）

7　道州制の論点

1　第28次地方制度調査会答申

「ことば」でならば何とでも言うのである。

地方制度調査会は、市町村合併のとき「地域自治組織」「ＮＰＯ活動」などの言葉を答申に書き込んだ。「周辺地域が寂れる心配」を「言葉で取り除く」ためであった。合併を「促すための」言葉であった。

今回の第28次答申にも「地方自治の充実強化」「近接性の原理」「住民のコンセンサス形成の仕組」なる言葉が書き込まれた。すると早速、学者がその言葉に飛びついて評価する。しかしながら、地方制度調査会は「政府の団体」である。「政治が決めた方向で答申するのが私達の役目です」と公言する団体である。言葉だけでなら誰でも何とでも言うのである。

「3200を1000に」「47を10に」の意図を見抜かなくはなるまい。

2　道州制になれば何が良くなるのか

現在の道府県のどこが良くないのか。道州制になると何が良くなるのか。何のための道州制であるのか。具体的な説明がなくてはならない。抽象言葉での道州制論議は「眉唾」である。如何なる利害のための道州制であるのか。声高に唱えている顔ぶれを見れば瞭然であろう。

道州制の構想論議が盛んになるのは悪いことではない。悪くはないのだが「尻馬に乗り」「委員委嘱を待望する」論議が多くはないか。

道州制論議の前に市町村合併の総括論議がなくてはならぬ。合併した地域は今どうなっているのか。合併して「良かったのか」「良くなかったのか」「行政財政の改革は進んでいるのか」「役場内の活力はどうなっているのか」。それらの所見のない道州制論者は「眉唾」の便乗論者である。

静岡市に組み込まれた「清水市」は今どうなっているのか。「住民自治」はどうなっているのか。

状況追随思考の道州制論議は「禁物」であり「有害」である。

3　区域割りが先行する道州制論議

道州制への移行形態は府県合併であろう。だがしかし、問題は道州制の内実である。区域割り先行論は「単なる府県合併」に終息する。全国同時に同一内容での道州制移行は誤りである。先行・試行を北海道に限ることはない。各地域で多様に構想し検討して「試行する」でよいではないか。そして何よりも、中央（官僚）が画一に定めるのは「自治の充実」ではない。道州制移行には手続きが重要である。

内政を道州に委譲し中央省庁は国際政策に重点を移す。それが本来の道州制であろう。「連邦制」ではないが「地方政府」でなくてはならない。

4　道州制を阻む集団

「単なる府県合併」ではない「本物の道州制」を阻む抵抗集団は何者か。道州制の障碍集団を見究める論議が必要である。それがなければ「単なる府県合併」に終息するであろう。省庁官僚と族議員と経済界は「本物の道州制」を望んではいない。「三位一体改革」に抵抗した組織と集団も「抵抗集団」である。

「抵抗集団」を見極めない道州制論議は便乗者の論議である。

2006年度　地方自治土曜講座・第四講のプログラム

日　時　2005年9月17日
会　場　北海学園大学31番教室
テーマ　「市町村合併と住民自治」
報　告　「町民参画の行財政改革」　脇　紀美夫（羅臼町長）
「子どもが参加して決めた町の将来」　碓井　直樹（奈井江町職員）
討　論　「合併論議を振り返って―住民は主権者であったか」
討論者　碓井　直樹（奈井江町職員）
嶋田　浩彦（南幌町職員）

小林　生吉（中頓別町職員）
家内　裕典（芽室町会社経営）
髪　　義男（白滝村会社経営）
高原　一隆（北海学園大学）
小田　　清（北海学園大学教授）
神沼　公三郎（北海道大学教授）
司会　森　　啓（北海学園大学教授）

（2006年度地方自治土曜講座・第四講の論点を森の責任で加筆・整理した）

刊行のことば

「時代の転換期には学習熱が大いに高まる」といわれています。今から百年前、自由民権運動の時代、福島県の石陽館など全国各地にいわゆる学習結社がつくられ、国会開設運動へと向かう時代の大きな流れを形成しました。学習を通じて若者が既成のものの考え方やパラダイムを疑い、革新することで時代の転換が進んだのです。

そして今、全国各地の地域、自治体で、心の奥深いところから、何か勉強しなければならない、勉強する必要があるという意識が高まってきています。

北海道の百八十の町村、過疎が非常に進行していく町村の方々が、とかく絶望的になりがちな中で、自分たちの未来を見据えて、自分たちの町をどうつくり上げていくかを学ぼうと、この「地方自治土曜講座」を企画いたしました。

この講座は、当初の予想を大幅に超える三百数十名の自治体職員等が参加するという、学習への熱気の中で開かれています。この企画が自治体職員の心にこだまし、これだけの参加になった。これは、事件ではないか、時代の大きな改革の兆しが現実となりはじめた象徴的な出来事ではないかと思われます。

現在の日本国憲法は、自治体をローカル・ガバメントと規定しています。しかし、この五十年間、明治の時代と同じように行政システムや財政の流れは、中央に権力、権限を集中し、都道府県を通じて地方を支配、指導するという流れが続いておりました。まさに「憲法は変われど、行政の流れ変わらず」でした。しかし、今、時代は大きく転換しつつあります。そして時代転換を支える新しい理論、新しい「政府」概念、従来の中央、地方に替わる新しい政府間関係理論の構築が求められています。

この講座は知識を講師から習得する場ではありません。ものの見方、考え方を自分なりに受け止めてもらう。そして是非、自分自身で地域再生の自治体理論を獲得していただく、そのような機会になれば大変有り難いと思っています。

「地方自治土曜講座」実行委員長
北海道大学法学部教授　森　啓

（一九九五年六月三日「地方自治土曜講座」開講挨拶より）

地方自治土曜講座ブックレットNo. 110
「市町村合併」の次は「道州制」か

２００６年４月１４日　初版発行　　　定価（本体９００円＋税）

著　者　　高橋彦芳／北　良治／脇紀美夫／碓井直樹／森　啓
編　者　　森　啓
発行人　　武内英晴
発行所　　公人の友社
〒112-0002　東京都文京区小石川５－２６－８
ＴＥＬ０３－３８１１－５７０１
ＦＡＸ０３－３８１１－５７９５
Ｅメール koujin@alpha.ocn.ne.jp
http://www.e-asu.com/koujin/

公人の友社のブックレット一覧
（06.4.10現在）

「地方自治土曜講座」ブックレット

《平成7年度》

No.1
現代自治の条件と課題
神原勝　900円

No.2
自治体の政策研究
森啓　600円

No.3
現代政治と地方分権
山口二郎　[品切れ]

No.4
行政手続と市民参加
畠山武道　[品切れ]

No.5
成熟型社会の地方自治像
間島正秀　500円

No.6
自治体法務とは何か
木佐茂男　[品切れ]

No.7
自治と参加アメリカの事例から
佐藤克廣　[品切れ]

No.8
政策開発の現場から
小林　勝彦・大石和也・川村喜芳
[品切れ]

《平成8年度》

No.9
まちづくり・国づくり
五十嵐広三・西尾六七　500円

No.10
自治体デモクラシーと政策形成
山口二郎　500円

No.11
自治体理論とは何か
森啓　600円

No.12
池田サマーセミナーから
間島正秀・福士明・田口晃　500円

No.13
憲法と地方自治
中村睦男・佐藤克廣　500円

No.14
まちづくりの現場から
斎藤外一・宮嶋望　500円

No.15
環境問題と当事者
畠山武道・相内俊一　[品切れ]

No.16
情報化時代とまちづくり
千葉純・笹谷幸一　[品切れ]

No.17
市民自治の制度開発
神原勝　500円

《平成9年度》

No.18
行政の文化化
森啓　600円

No.19
政策法学と条例
阿倍泰隆　[品切れ]

No.20
政策法務と自治体
岡田行雄　[品切れ]

No.21
分権時代の自治体経営
北良治・佐藤克廣・大久保尚孝
600円

No.22
地方分権推進委員会勧告とこれからの地方自治
西尾勝　500円

No.23
産業廃棄物と法
畠山武道　[品切れ]

No.25
自治体の施策原価と事業別予算
小口進一　600円

No.26
地方分権と地方財政
横山純一　[品切れ]

《平成10年度》

No.27
比較してみる地方自治
田口晃・山口二郎　[品切れ]

No.28
議会改革とまちづくり
森啓　400円

No.29
自治の課題とこれから
逢坂誠二　[品切れ]

No.30
内発的発展による地域産業の振興
保母武彦　600円

No.31
地域の産業をどう育てるか
金井一頼　600円

No.32
金融改革と地方自治体
宮脇淳　600円

No.33
ローカルデモクラシーの統治能力
山口二郎　400円

No.34
政策立案過程への「戦略計画」手法の導入
佐藤克廣　500円

No.35
98サマーセミナーから
「変革の時」の自治を考える
神原昭子・磯田憲一・大和田建太郎
600円

No.36
地方自治のシステム改革
辻山幸宣　400円

No.37
分権時代の政策法務
礒崎初仁　600円

No.38
地方分権と法解釈の自治
兼子仁　400円

No.39
市民的自治思想の基礎
今井弘道　500円

No.40
自治基本条例への展望
辻道雅宣　500円

No.41
少子高齢社会と自治体の福祉法務
加藤良重　400円

《平成11年度》

No.42
改革の主体は現場にあり
山田孝夫　900円

No.43
自治と分権の政治学
鳴海正泰　1,100円

No.44
公共政策と住民参加
宮本憲一　1,100円

No.45
農業を基軸としたまちづくり
小林康雄　800円

No.46
これからの北海道農業とまちづくり
篠田久雄　800円

No.47
自治の中に自治を求めて
佐藤　守　1,000円

No.48
介護保険は何を変えるのか
池田省三　1,100円

No.49
介護保険と広域連合
大西幸雄　1,000円

No.50
自治体職員の政策水準
森啓　1,100円

No.51
分権型社会と条例づくり
篠原　一　1,000円

No.52
自治体における政策評価の課題
佐藤克廣　1,000円

No.53
小さな町の議員と自治体
室崎正之　900円

No.54
地方自治を実現するために法が果たすべきこと
木佐茂男　[未刊]

No.55
改正地方自治法とアカウンタビリティ
鈴木庸夫　1,200円

No.56
財政運営と公会計制度
宮脇淳　1,100円

No.57
自治体職員の意識改革を如何にして進めるか
林嘉男　1,000円

《平成12年度》

No.59
環境自治体とＩＳＯ
畠山武道　700円

No.60
転型期自治体の発想と手法
松下圭一　900円

No.61
分権の可能性
スコットランドと北海道
山口二郎　600円

No.62
機能重視型政策の分析過程と財務情報
宮脇淳　800円

No.63
自治体の広域連携
佐藤克廣　900円

No.64
分権時代における地域経営
見野全　700円

No.65
町村合併は住民自治の区域の変更である。
森啓　800円

No.66
自治体学のすすめ
田村明　900円

No.67
市民・行政・議会のパートナーシップを目指して
松山哲男　700円

No.69
新地方自治法と自治体の自立
井川博　900円

No.70
分権型社会の地方財政
神野直彦　1,000円

No.71
自然と共生した町づくり
宮崎県・綾町
森山喜代香　700円

No.72
情報共有と自治体改革
ニセコ町からの報告
片山健也　1,000円

《平成13年度》

No.73
地域民主主義の活性化と
自治体改革
山口二郎　600円

No74
分権は市民への権限委譲
上原公子　1,000円

No.75
今、なぜ合併か
瀬戸亀男　800円

No.76
市町村合併をめぐる状況分析
小西砂千夫　800円

No.78
ポスト公共事業社会と自治体
政策
五十嵐敬喜　800円

No.80
自治体人事政策の改革
森啓　800円

《平成14年度》

No.82
地域通貨と地域自治
西部忠　900円

No.83
北海道経済の戦略と戦術
宮脇淳　800円

No.84
地域おこしを考える視点
矢作弘　700円

No.87
北海道行政基本条例論
神原勝　1,100円

No.90
「協働」の思想と体制
森啓　800円

No.91
協働のまちづくり
三鷹市の様々な取組みから
秋元政三　700円

《平成15年度》

No.92
シビル・ミニマム再考
ベンチマークとマニフェスト
松下圭一　900円

No.93
市町村合併の財政論
高木　健二　800円

No.95
市町村行政改革の方向性
～ガバナンスとＮＰＭのあいだ
佐藤克廣　800円

No.96
創造都市と日本社会の再生
佐々木雅幸　800円

No.97
地方政治の活性化と地域政策
山口二郎　800円

No.98
多治見市の政策策定と政策実行
西寺雅也　800円

No.99
自治体の政策形成力
森啓　700円

《平成16年度》

No100
自治体再構築の市民戦略
松下圭一　900円

No.101
維持可能な社会と自治
～『公害』から『地球環境』へ
宮本憲一　900円

No.102
道州制の論点と北海道
佐藤克廣　1,000円

No.103
自治基本条例の理論と方法
神原勝　1,100円

No.104
働き方で地域を変える
～フィンランド福祉国家の取り組み
山田眞知子　800円

《平成17年度》

No.108
三位一体改革と自治体財政
岡本全勝・山本邦彦・北良治・逢坂誠二・川村喜芳　1,000円

No.109
連合自治の可能性を求めて
サマーセミナーin奈井江
松岡市郎・堀則文・三本英司・佐藤克廣・砂川敏文・北良治　他
1,000円

No.110
「市町村合併」の次は「道州制」か
高橋彦芳・北良治・脇紀美夫・碓井直樹・森啓　900円

No.111
コミュニティビジネス
と建設帰農
松本懿・佐藤　吉彦・橋場利夫・山北博明・飯野政一・神原勝
1,000円

「地方自治ジャーナル」ブックレット

No.2
政策課題研究の研修マニュアル
首都圏政策研究・研修研究会
1,359円

No.3
使い捨ての熱帯林
熱帯雨林保護法律家リーグ　971円

No.4
自治体職員世直し志士論
村瀬誠　971円

No.5
行政と企業は文化支援で何ができるか
日本文化行政研究会　1,166円

No.7
パブリックアート入門
竹田直樹　1,166円

No.8
市民的公共と自治
今井照　1,166円

No.9
ボランティアを始める前に
佐野章二　777円

No.10
自治体職員の能力
自治体職員能力研究会　971円

No.11
パブリックアートは幸せか
山岡義典　1,166円

No.12
市民がになう自治体公務
パートタイム公務員論研究会
1,359円

No.13
行政改革を考える
山梨学院大学行政研究センター
1,166円

No.14
上流文化圏からの挑戦
山梨学院大学行政研究センター
1,166円

No.15
市民自治と直接民主制
高寄昇三　951円

No.16
議会と議員立法
上田章・五十嵐敬喜　1,600円

No.17
分権段階の自治体と政策法務
松下圭一他　1,456円

No.18
地方分権と補助金改革
高寄昇三　1,200円

No.19
分権化時代の広域行政
山梨学院大学行政研究センター
1,200円

No.20
あなたのまちの学級編成と地方分権
田嶋義介　1,200円

No.21
自治体も倒産する
加藤良重　1,000円

No.22
ボランティア活動の進展と自治体の役割
山梨学院大学行政研究センター
1,200円

No.23
新版・2時間で学べる「介護保険」
加藤良重　800円

No.24
男女平等社会の実現と自治体の役割
山梨学院大学行政研究センター
1,200円

No.25
市民がつくる東京の環境・公害条例
市民案をつくる会　1,000円

No.26
東京都の「外形標準課税」はなぜ正当なのか
青木宗明・神田誠司　1,000円

No.27
少子高齢化社会における福祉のあり方
山梨学院大学行政研究センター
1,200円

No.28
財政再建団体
橋本行史　1,000円

No.29
交付税の解体と再編成
高寄昇三　1,000円

No30
町村議会の活性化
山梨学院大学行政研究センター
1,200円

No.31
地方分権と法定外税
外川伸一　800円

No.32
東京都銀行税判決と課税自主権
高寄昇三　1,000円

No.33
都市型社会と防衛論争
松下圭一　900円

No.34
中心市街地の活性化に向けて
山梨学院大学行政研究センター
1,200円

No.35
自治体企業会計導入の戦略
高寄昇三　1,100円

No.36
行政基本条例の理論と実際
神原勝・佐藤克廣・辻道雅宣
1,100円

No.37
市民文化と自治体文化戦略
松下圭一　800円

No.38
まちづくりの新たな潮流
山梨学院大学行政研究センター
1,200円

No.39
ディスカッション・三重の改革
中村征之・大森彌　1,200円

No.40
政務調査費
宮沢昭夫　800円

TAJIMI CITY ブックレット

No.2
転型期の自治体計画づくり
松下圭一　1,000円

No.3
これからの行政活動と財政
西尾勝　1,000円

No.4
構造改革時代の手続的公正と第2次分権改革
手続的公正の心理学から
鈴木庸夫　1,000円

No.5
自治基本条例はなぜ必要か
辻山幸宣　1,000円

No.6
自治のかたち法務のすがた
政策法務の構造と考え方
天野巡一　1,100円

No.7
自治体再構築における
行政組織と職員の将来像
今井照　1,100円

No.8
持続可能な地域社会のデザイン
植田和弘　1,000円

No.9
政策財務の考え方
加藤良重　1,000円

朝日カルチャーセンター 地方自治講座ブックレット

No.1
自治体経営と政策評価
山本清　1,000円

No.2
ガバメント・ガバナンスと
行政評価システム
星野芳昭　1,000円

No.4
政策法務は地方自治の柱づくり
辻山幸宣　1,000円

No.5
政策法務がゆく！
北村喜宣　1,000円

政策・法務基礎シリーズ
—東京都市町村職員研修所編

No.1
これだけは知っておきたい
自治立法の基礎
600円

No.2
これだけは知っておきたい
政策法務の基礎
800円

地域ガバナンスシステム・シリーズ
（龍谷大学地域人材・公共政策開発システム
オープン・リサーチ・センター企画・編集）

No.1
地域人材を育てる
自治体研修改革
土山希美枝　900円

No.2
公共政策教育と認証評価システム—日米の現状と課題—
坂本勝　編著　1,100円

No.3
暮らしに根ざした心地良いまち
野呂昭彦・逢坂誠二・関原剛・
吉本哲郎・白石克孝・堀尾正靭
1,100円